Dream Doctor's Study Routine

꿈꾸는 의사의 공부루틴

꿈꾸는 의사의 공부 루틴

초판 1쇄 2021년 11월 26일
지은이 박성지 | **펴낸이** 송영화 | **펴낸곳** 굿위즈덤 | **총괄** 임종익
등록 제 2020-000123호 | **주소** 서울시 마포구 양화로 133 서교타워 711호
전화 02) 322-7803 | **팩스** 02) 6007-1845 | **이메일** gwbooks@hanmail.net

ISBN 979-11-91447-90-3 03190 | 값 15,000원

Dream Doctor's Study Routine

꿈꾸는 의사의 공부 루틴

박성지 지음

굿위즈덤

프롤로그

서른 살 내과의사가 들려주는 생생한 인생 스토리!

나는 서른 살의 젊은 나이에 내과 전문의가 되었다. 날카롭고 이성적인 의학의 세계에 길들여져 있었다. 그동안 공부와 병원 생활이 내 삶의 중심이었다. 그리고 가족들, 주변의 사람들이 나에게는 소중했다. 내가 한번 더 참고, 희생하는 것이 편했다. 하지만 이런 삶을 살다 보니 무엇인가 불편해지기 시작했다. '나'를 잃어버리고 있다는 마음의 신호가 오기 시작한 것이다. 마음이 공허했고, 행복한 순간을 찾기 어려웠다.

다른 사람이 성공 가도를 달리고 있는 모습을 볼 때면 마음속에 열등감이 피어나기도 했다. 모든 사람에게 인정받고 주변에서 부러워하는 의사라는 직업을 가졌음에도 불구하고, 즐기지 못하고 다른 사람이 시키는 대로 휘둘리게 되었다.

나의 삶을 돌이켜보면 주어진 대로 순응하며 살아왔다는 생각이 든다. 물이 위에서 아래로 흘러가듯 나에게 주어지는 상황을 받아들이고 내가 할 수 있는 최선을 다했다. 억지로 안간힘을 다해서 노력했다기보다 그저 묵묵히 내가 할 수 있는 것들을 하며 살아왔다.

나의 삶을 '책'이라는 거울에 비춰보기로 결심했다. 책을 통해 내 마음을 들여다보고 그동안 나를 돌아보지 못했던 과오를 씻어버리고 싶었다. 그래서 책을 쓰는 목적은 '오직 나를 위해서 글을 쓰자.'였다. 혹자는 누가 보더라도 이미 성공한 삶을 살고 있는 내가, 무엇이 부족해서 책을 쓰려고 하는지 의구심이 들 수도 있다. 그리고 어떤 대단한 깨달음과 거창한 메시지를 가지고 있길래 책까지 쓰게 된 것인지 궁금해할 수 있다.

나는 그저 책 쓰기를 통해 나 자신을 다시 되찾고 싶었다. 내가 없다면 이 세상은 존재하지 않는다. 내가 있어야 사랑하는 가족, 친구, 세상 모든 것이 있는 것이다. 삶의 우선순위로 '나' 자신을 1순위가 아닌 0순위에 두기로 했다. 모든 글자 하나, 하나는 나에게 해주는 말이었다. 그렇게 진심으로 원고 집필을 하다 보니 속도가 점점 붙어 한 달 반 만에 한 권의 책을 쓰게 되었다.

책을 쓰게 된 것은 우연 같지 않은 우연으로 시작하였다. 책 쓰는 방법에 대한 책을 검색하던 중 〈한국책쓰기1인창업코칭협회(이하 한책협)〉의 대표이신 김태광 작가님, 〈한국석세스라이프스쿨〉과 〈위닝북스〉의 대표이신 권동희 작가님을 알게 되었다. 그러면서 〈한책협〉 카페에 가입하면서 1일 책 쓰기 특강을 우연히 듣게 되었다. 김태광 작가님은 "성공해서 책을 쓰는 것이 아니라 책을 써야 성공한다."라는 것을 강조하셨다. 그는 25년간 250권의 저서를 집필하고 1,100명이 넘는 작가를 양성한 책 쓰기의 달인이셨다. 운명처럼 두 분의 라이프 코치를 만나 큰 도움을 받았다. 즐겁게 책 쓰기를 시작할 수 있었고, 작가의 삶을 시작하게 되었다.

원고를 쓰며 혼자 카페에 앉아 울고, 웃고 난리법석을 피우기도 했다. 책 쓰기의 마법은 실로 엄청났다. 나의 마음 구석구석을 들여다볼 수 있게 해주었다. 나는 이 책 안에 의대를 준비하던 시절, 의과대학 시절부터 의사가 된 지금까지 고군분투하며 경험한 나의 이야기를 있는 그대로 담았다. 책을 쓰면서 떠올랐던 무수한 경험과 추억들을 다 담지 못하여 오히려 아쉬운 마음이 크다. 나는 이 책을 계기로 앞으로 책 쓰는 의사의 삶을 살아가기로 다짐했다. 나의 이야기를 책으로 나누며, 깨달음의 여정을 쉬지 않을 것이다. 그리고 의사로서의 나의 삶을 온전히 바라보고 인정해주려고 한다. 마음속에 쌓아두었던 케케묵은 감정을 비우고, 온전한 '나'를 되찾아가는 여정은 행복하다 못해 정말 짜릿한 일이다.

그동안 억눌려 있던 감정을 알아차리게 되니, 맑게 개인 나의 마음이 보이기 시작했다. 이제는 나의 모든 삶의 순간에서, 있는 그대로 '나'를 바라보는 것은 나의 루틴이 되었다. 또한 진정으로 내가 무엇을 좋아하고, 하고 싶은지 스스로 물어볼 용기가 샘솟았다. 행복하게 꿈꾸고 그것을 이룬 나를 사랑스러운 눈으로 바라볼 수 있게 되었다.

CONTENTS

2장 나는 의사, 사람입니다

3장 의사가 포기하면 환자도 포기한다

4장 환자들은 매 순간 나를 돌아보게 만들었다

Dream Doctor's Study Routine

- 1장 -

내가 공부하는 이유

01

지금 하는 공부가 내 인생에서 왜 꼭 필요한 걸까?

정규 교육을 받은 대한민국 사람들이라면 대부분 학교 공부에 대한 각자의 경험이 있을 것이다. 일반적으로는 유치원, 초등학교, 중학교, 고등학교, 대학교 진학까지 약 16년에 걸친 대장정의 공부 인생을 살아왔을 것이다. 나의 지나온 인생도 그러했다. 나의 공부의 시작을 떠올려보니 그곳에는 아버지가 계셨다.

나는 네 살 때부터 아버지한테 영어 수업을 들었다. 내 인생의 첫 수업이었다. 나의 아버지는 실력 있는 영어 학원 강사로 활발하게 활동하셨다. '개미와 베짱이'를 주제로 영어 구연동화를 배워 학원에서 발표했던 기억이 난다. 그 무렵, 우리나라에 IMF가 터져 아버지는 학원을 접으셨다. 그러곤 개인 과외로 전향해 공부 지도를 이어나가셨다.

그렇게 유치원부터 시작해 중학교 때까지 나는 아버지의 수업을 들으며 공부했다. 아버지는 나에게 아버지의 수업을 들을 때는 아버지가 아닌, 선생님으로 생각하라고 하셨다. 아버지는 영어뿐만 아니라, 국어, 수학, 사회, 과학 등 전 과목을 가르쳐주셨다. 한 과목 수업하기도 힘든데, 어떻게 전 과목을 수업하셨는지 나의 아버지이지만 정말 대단하시다.

또한 수업도 카리스마 있게, 학생들이 지루하지 않도록 재미있게 소통하며 하셨다. 그 수업을 들은 많은 학생들이 좋은 성적을 얻고, 원하는 학교에 진학했다. 지금의 표현을 빌자면 마블 히어로 '어벤져스'의 능력을 홀로 펼치신 것이다. 능력 있는 지도 덕분에 나 또한 인생에서 어려운 학교 공부를 즐겁게 시작할 수 있었다.

공부하다 보면 문득 그런 생각이 든다. '내가 이 공부를 왜 하고 있지?' 라는 생각 말이다. 이 대목은 정말 인생에서 중요한 순간 중 하나다. 해야만 하니까 꾸역꾸역 공부하는 내 영혼이 질문을 던지는 셈이니까.

우리는 이 질문에 대해 어떻게 대답할 것인가 고민해야 한다. 공부하는 이유로는 성공하기 위해서, 돈을 잘 벌기 위해서, 꿈을 이루기 위해서, 부모님이 하라고 해서 등 여러 가지가 있을 것이다. 꿈을 구체적으로 설정하고 도전하는 사람들도 있지만, 자신의 인생 대부분을 걸고 하는 공부의 이유를 진지하게 생각하지 못하는 사람들도 많다.

나 또한 공부의 이유가 거창하지 않았다. 어릴 때부터 기독교 집안에서 자란 나는 신앙생활을 하며, 하나님을 위해 살아야겠다고 다짐했다. 그리고 다른 사람을 도와주고 칭찬을 받으면, 기분이 좋았다. 그러면서 나는 남을 돕는 사람이 되어 행복함을 많이 느끼며 살고 싶다고 생각했다. 그렇게 공부의 이유를 하나둘씩 세워나갔다.

아버지와의 공부 시간이 마냥 좋은 것만은 아니었다. 학교 시험이 끝나면 채점한 시험지를 두고 아버지의 피드백이 이어졌다. 도덕 과목 시험을 80점 맞은 날이었다. 아버지는 시험 문제가 쉬운데 왜 틀렸냐고 하시면서 수업 시간에 가르쳐준 것은 앞으로 틀리지 말라고 혼을 내셨다. 그날은 속상해서 펑펑 울었고, 다음에는 틀리지 않겠다고 아버지와 약속했다. 시험을 보는 것도 떨렸지만, 시험 후에 있을 아버지와의 점검 시간이 더 떨리고 걱정되었다.

내가 중학교 3학년이던 무렵, 아버지께 과외를 받았던 학생이 의대에 입학하여 인사드린다고 찾아온 적이 있었다. 그 선배는 아버지가 가장 수업을 잘 해주셨다고 감사의 말을 아끼지 않았다. 아버지는 선배와 견주어 객관적으로 평가해보면 나에게도 충분히 가능성이 있다고 하시며 의대 진학을 권하셨다. 당시 내가 꿈꾸던 진로는 변호사 또는 사회부 기자였다. 하지만 아버지께서 용기를 심어주시고 확신에 차 말씀하시는 바람에 '의사'라는 직업에 대한 밑그림을 그려볼 수 있었다.

그렇게 중학교 3학년 때부터 의사라는 꿈이 내 마음속에 자리잡았다. 다른 사람들에게 아버지와의 공부 스토리를 이야기하면 어떻게 자식을 가르쳤냐며 신기해한다. 이런 경우는 흔치 않은 사례라는 이야기도 들었다. 나에게는 길러주신 은혜 말고도, 가르쳐주신 은혜가 큰 특별한 아버지다. 이 글을 빌려 아버지께 좋은 가르침을 주셔서 감사하다고 전하고 싶다.

고등학교 시절 아버지께서 개인 과외를 그만두셨다. 나는 인터넷 강의를 들으며 스스로 공부하는 법을 찾아나가야 했다. 내가 다니던 고등학교에는 칸막이가 있는 영어 학습실이 있었다. 그곳에서 야간자율학습을 하며, 인터넷 강의를 열심히 들었다. 때론 힘들어 칸막이에 숨어 울기도 했다. 그렇게 고군분투하며 고등학교 시절을 보냈다. 고등학교 시절은 내 인생에서 힘들었던 첫 번째 시기였다.

인생에서 가장 큰 시험 중 하나인 수능을 준비하면서 매달 치르는 모의고사 성적이 잘 오르지 않아 걱정이 컸다. 또한 스트레스를 받고 예민해지면서 친구, 가족 관계에서 크고 작은 갈등도 있었다. 마음처럼 공부가 잘 되지 않고, 성적도 따라주지 않을 때면 속상하기 그지없었다. 하지만 나는 '마지막에 웃는 자가 진정한 승자다.'라는 각오를 마음 깊숙이 품었다. 가장 좋은 수능 성적으로 합격을 이뤄낼 것이라는 근거 없는 자신감으로 충만했다. 나의 간절함과 끈기가 하늘에 닿았는지, 나는 수능에서 가장 좋은 성적을 거두었다. 그렇게 의대 합격의 목표가 이루어졌다.

나는 공부하며, 원동력과 동기를 부여받기 위해 공부법에 관련된 책을 옆에 두고 힘들 때마다 꾸준히 읽어나갔다. 또한 본받고 싶은 의사에 관련한 책을 계속 읽으면서 비전을 세워나갔다. 자극이 될 만한 책 속의 명언이나 좋은 글귀를 적고 또 적었다. 용기를 주는 글귀들은 내가 공부를 지속할 수 있도록 응원해주었다. 내면에서 올라오는 좌절감에 맞서 싸우는 무기들을 만들어나가며 힘든 상황을 이겨낼 수 있었다.

그렇게 의대에 합격한 후, 의대 학부생의 일상이 시작되었다. 당시 나는, 이미 의사가 된 기분에 젖어 있었다. 의학에 대한 지식이 아직 쌓이기도 전이었지만 성취감과 행복감이 최고조를 이뤘다.

그러나 합격의 기쁨도 잠시, 의대 공부의 실체를 접하고 놀라움을 금치 못했다. 지금까지 내가 해온 공부보다 더 많은 양의 공부를 짧은 시간에 해내야 했다. 그리고 시험 일정이 매주, 혹은 매달 있어 늘 시험 기간인 상태로 보내게 되었다. 나는 속으로 '으악!' 하고 소리를 질렀다. 왜 내가 이런 선택을 했는지 후회했다.

분주하게 수업과 시험 일정을 반복하던 중, 유기화학 수업이 있었다. 교수님은 전체 학생에게 이렇게 말씀해주셨다.

"의대 입학이 끝이 아니다. 다시 처음부터 시작해야 한다는 것을 너희는 알아야 해."

또한 새로운 출발선상에서 어떤 길을 선택할지는 본인에게 달렸다고 말씀하셨다. 어려운 유기화학 수업 가운데, 가슴에 가장 와닿았던 내용이었다. 나는 속으로 생각했다. '그래, 다시 시작하는 거야.'

초등학교부터 고등학교까지의 12년, 의과대학 6년, 총 18년의 기간 동안 나는 늘 같은 어려움에 부닥쳤다. '공부의 이유'에 대해 어떻게 정의를 내리고, 그 과정을 시작하고 끝맺는가에 대한 어려움이었다. 그래서 나는 매번 다시 시작해야 했다. 생각과 행동에 대한 이유, 목적을 정확히 세우지 않으면 공부를 지속하기 어려웠다. 공부하기 싫을 때도 있었고, 버거움에 포기하고 싶은 적도 많았다. 나보다 더 잘하는 사람들을 볼 때면 기가 죽고, 열등감에 휩싸일 때도 있었다.

그럴 때마다 나는 다시 처음으로 돌아갔다. 시작 시점에서 앞을 바라보면 갈 길이 구만리 같지만, 어떤 방향으로 어떻게 나아갈지 계획하고 그려볼 수는 있었다. 그렇게 마음을 차분히 다스리고 첫걸음을 떼면, 어느새 즐기며 길을 걸어가는 나를 발견하게 되었다. 각자의 삶에는 공부를 이끌어가는 다양한 동기가 있을 것이다. 하지만 이렇게 자신만의 공부의 이유를 발견하고 지속하는 훈련은 인생에서 가장 필요한 것 중 하나다.

나는 공부를 하면서 인생의 쓰디쓴 감정들을 많이 느꼈다. 두려움, 절망, 슬픔, 분노, 좌절, 열등감 등의 감정들은 돌아가면서 나를 괴롭혔다.

반대로 자신감, 성취감, 기쁨, 희열, 감사 등 좋은 감정들도 함께 느낄 수 있었다. 그러나 롤러코스터처럼 춤추는 감정들이 마냥 힘들지만은 않았다. 그 이유는 공부하는 목적을 늘 돌아보았기 때문이 아니었을까 싶다. 지금까지 힘든 공부의 길을 묵묵히 걸어온 나를 참 대견하다고 칭찬해주고 싶다.

인생의 힘든 경험이 값진 이유는 그것을 극복하고 결과를 얻어 낼 원동력을 준다는 데 있다. 공부는 결국 나 자신과의 싸움이다. 인생의 장애물을 극복하는 방법을 알려주는 좋은 수단이다.

'나'라는 다듬어지지 않은 다이아몬드가 빛나는 보석이 되기까지는 무수한 연마의 과정이 필요하다. 그러기 위해서는 먼저, 내가 다이아몬드 원석이라는 사실을 알아차려야 한다. 주변의 평가와 판단에 휩쓸리며 나를 한계 짓는 것으로부터 자유로워질 필요가 있다. 그렇게 진정한 나를 받아들일 때 비로소 나만의 '공부의 이유'가 세워진다. 남을 돕는 삶을 살고자 공부의 길을 시작했던 나는, 공부가 '나'라는 사람을 다듬어준다는 사실을 깨달았다. 공부는 그렇게 나에게 꼭 필요한 존재가 되어주었다.

02

공부는 머리로 하는 것이 아니라, 마음으로 하는 것이다

우리는 공부를 할 때 얼마나 나의 마음을 돌아보며 할까? 어린 시절부터 주어진 학습 과정을 당연하게 시작한다. 철저히 1등을 향해 달려가는 교육 시스템 속에서 우리는 길러진다. 어쩔 수 없이 공부해야 하는 상황이 자연스럽게 주어진다. 공부가 진정 좋아서 하는 사람이 얼마나 많이 있을까 싶다. 어릴 적 나는 내가 공부를 좋아하는 줄 알았다. 하지만 성인이 된 후 돌아보니 공부하는 환경에 매우 익숙해진 것이었다.

일반적으로 공부를 하는 사람들의 모습을 보면 대표적인 공통점이 있다. 공부에 앞서 책을 살펴보며 공부해야 할 분량을 살펴본다. '오늘은 어디까지 끝내야 하는데, 이걸 다 언제 하지…', '오늘은 공부가 잘 안 되니까 오늘 쉬고 내일 하자.'라는 생각이 쉽게 떠오른다. 그러나 이런 마음의 소리를 거절하고 목표를 이루고자 우리는 무진장 애쓰며 살고 있다.

공부를 하면서 우리는 마음의 소리를 듣고, '왜'라는 생각을 해야 한다. 그 생각이 왜 들었는지 자신과의 대화가 필요하다. 주변에서 시키는 대로 하다 보면 공부의 이유를 종종 간과하게 된다.

의과대학 공부를 하면서 나 또한 주어진 대로 철저히 살아가는 삶을 살았다. 나는 내가 무엇을 하고 싶다고 생각하는 것을 스스로 거부했다. 지금 하고 있는 공부와 크게 관련이 없는 것은 현재 나의 공부에 악영향을 준다고 생각했다. 그러다 보니 내가 하고 싶은 일은 내 의대 공부를 방해하는 장애물이 되어버렸다. 의과대학이라는 시스템에 그저 내 몸을 맡기고 남들이 하는 대로 살아가기에도 벅차게 느껴졌다. 그렇게 공부를 하면서 힘들어 지치는 순간이 오면 자주 이런 생각이 떠올랐다. '내가 무슨 영광을 누리려고 이런 고생을 하고 있을까. 그냥 다 멈추고 아무도 없는 곳으로 떠나고 싶다.'

나 자신의 이야기를 듣지 않는다면 마음의 상처가 깊어지고 곪아서 터지게 된다. 나의 마음이 어떤지 살펴보는 것은 공부에 있어 가장 중요한 마음가짐이며 공부의 목적을 찾아가는 여정이다.

나는 공부를 시작할 때, 계획표를 짜는 데 많은 시간을 들였다. 늘 같은 계획이지만 일주일마다 계획표를 새 종이에 다시 적는 버릇이 있었다. 그렇게 했던 이유는, 공부를 시작하기 전 공부하고자 하는 마음에 동기 부여를 하기 위함이었다. 다시 목표를 쓰고, 계획을 적고, 이룬 것에 쭉 선을 그었다. 알록달록 스티커도 붙이고 나에게 동기 부여해주는 문구나 힘을 주는 성경 말씀을 적었다. 목표를 성취하도록 돕는 것은, 똑똑한 머리가 아닌 마음가짐의 문제라는 것을 알고 있었다.

그리고 공부가 잘 안 될 때 했던 나의 루틴이 있었다. 바로 '일기'를 쓰는 것이었다. 일기를 통해 답답한 마음을 표출하고 마음을 정돈하는 시간을 보내었다. 어릴 때부터 나는 일기 쓰는 것을 굉장히 좋아했다. 하지만 나이가 들면서 일기 쓰는 것이 왠지 모르게 부끄러운 일이 되었다. 컴퓨터로 열심히 일기를 쓰고 있으면, 옆의 친구가 그것을 보고 또 일기를 쓰냐며 비웃으며 지나갔던 적이 있었다.

일기를 쓰는 사람은 자신과 대화할 줄 아는 성숙한 사람이라고 생각한다. 그것을 우스꽝스럽게 여기는 사람은 본인이 성숙하지 않은 존재임을 드러낼 뿐이다. 일기를 통해 공부에 지친 자신을 위로하고 기운을 차리도록 응원했다. 그동안 썼던 일기의 분량을 살펴보니, 의과대학 6년 동안 쓴 분량이 자그마치 160페이지가량 되었다. 진솔하게 써내려간 일기를 읽어보면 그때 기억이 생생하게 난다. 솔직한 기분과 느낌, 경험과 깨달음을 담은 일기야말로 인생 공부에 훌륭한 나만의 교과서가 되었다.

이렇게 공부에 대한 마음가짐을 돌아보는 것은 큰 동기 부여가 된다. 짧게라도 눈앞에 놓인 공부 거리를 펼치기 전, 나의 상태가 어떠한지 확인해보자. 『손자병법』의 "지피지기 백전불태"라는 말이 있다. 상대를 알고 나를 알면 백 번을 싸워도 위태롭지 않다는 것을 의미한다. 나와의 끊임없는 싸움에서 나를 충분히 알아야 이길 수 있다. 공부를 통해 나 자신을 더욱 알아가는 시간은 분명 우리의 인생에서 큰 축복이 될 것이다.

공부에 둘째라면 서러워할 수재들이 모이는 의과대학에서도 등수는 갈린다. 의과대학 몇 학기를 보내면 등수 서열은 고정되어 유지되는 경향을 보인다. 나보다 더 잘하는 사람들이 많다는 것을 깨닫게 된다. 공부를 잘하는 친구들의 특징 몇 가지를 살펴보자면 다음과 같다.

첫 번째 특징은 배운 것을 본인만의 필기로 정리를 해둔다는 점이었다. 형형색색의 필기구로 그림을 그리고 정성껏 쓴 글씨는 인쇄한 것처럼 정갈했다. 필기의 천재들은 개념부터 교수님께서 강조해두신 사항을 어찌나 정리를 잘하던지. 완벽히 정리된 필기본은 동기들과 후배들에게 소중한 공부 자료로 등극하게 된다.

두 번째 특징은, 수업이 끝나는 즉시 그 자리에서 정리한다는 것이었다. 수업 내용을 따로 복습하려고 미루게 되면 많은 내용을 잊어버리게 된다. 그 자리에서 빠르게 정리하고 궁금한 것을 해결하고자 노력한다. 그 자리에서 바로 해결해버리면 다른 공부를 할 수 있는 시간을 벌 수 있게 된다.

세 번째는 궁금한 것을 빠르고 정확하게 찾아낸다는 점이었다. 궁금한 것을 참지 못하고 책과 인터넷을 뒤지며 그에 대한 답을 찾으려고 온전히 집중한다.

네 번째 특징은 자신의 표현으로 설명할 줄 아는 것이었다. 공부한 내용에서 어떤 것이 핵심적인 내용인지 알아차린다. 그 후 이해한 것을 쉽게 다른 동기들에게 설명해주고 가르쳐준다. 한순간에 바로 되지 않더라고 반복을 통해 본인의 것으로 소화해나간다.

마지막 특징은 엉덩이가 정말로 무겁다는 것이다. 또한 앉아 있는 시간 동안 공부의 효율을 올리고자 힘쓴다. 엉덩이로 앉아 있는 시간만큼 집중하고자 온 힘을 다한다.

의과대학의 대부분은 시험 기간이라고 해도 무방하다. 대부분의 학기는 수업과 시험 일정으로 빼곡하다. 시험공부를 하기 위해 필수 항목으로, 수업 자료 외에도 몇 년 동안 기출 문제가 모인 족보집이 있다. 족보의 양도 만만치 않기 때문에 이를 공부하는 것에도 많은 시간이 든다. 그래서 학기 전체 성적이 20등 내로 들어온 사람들이 모여, 족보 풀이를 해줄 위원회가 꾸려진다. 나는 처음이자 마지막으로 2학년 2학기 때 이 위원회의 멤버로 들어가는 영예를 얻었다. 문제 풀이를 위해 각자 공부할 과목과 해설할 파일을 나누게 된다. 문제에 대해 개념과 풀이를 이해하기 쉽게 정리해나간다. 내가 만든 자료를 가지고 다른 동기들이 보고 공부한다고 생각하니 매우 행복했다.

이렇게 좋은 성적을 얻었던 학기를 떠올려보면, 공부를 즐기면서 했던 기억이 있다. 공부를 즐겁게 하기 위해 나는 카페에 갔다. 나는 카페에서 공부하는 사람, 일명 '카공족'이었다. 공부 자료들이 아무리 무겁더라도 카페에 가서 향긋한 커피와 함께 공부를 시작하면 일단 기분이 좋았다. 공부를 즐겁게 하려면 먼저 내가 기분이 좋아야 한다. 기분이 우울하고 좋지 않으면 공부할 마음이 들기가 어렵다. 기분이 좋게 목표에 대한 열정으로 시작해야 공부를 지속할 힘이 나오게 된다. 나는 공부하기 전에 어떻게든 기분을 밝고 좋게 하려고 노력했다.

기분을 좋게 하고 공부를 시작한 다음, 이 기분을 유지하기 위해 나는 작은 성취를 해나갔다. 내가 목표한 바를 이뤄내면 마음에서는 성공했다는 뿌듯함이 올라온다. 그렇게 하기 위해서는 쉽게 이룰 수 있는 작은 목표를 여러 가지를 세우는 것이다. 큰 목표를 이루기 위해 작은 세부 목표로 쪼개면 생각보다 쉽게 이룰 수 있다. 이때 중요한 것은 다른 사람과 비교하는 것은 금물이다. 다른 사람이 앞서나간다고 생각하는 순간 나의 초라한 목표들을 이루고 싶은 마음은 사라져버린다. 작은 목표들을 이루는 작은 성공이 모여 큰 성공을 만들 수 있는 것이다. 우리 모두가 알고 있는 이 단순한 사실이 공부를 지속하게 하는 연료가 되어준다.

공부를 머리로 한다고 생각하면 오산이다. 공부는 마음에서 나오는 힘이 있어야 지속할 수 있다. 공부에 대해 존중하는 마음이 있어야 공부도 나를 존중해주고 함께할 수 있는 것이다. 공부를 그저 하기 싫은 대상으로 여기는 순간, 마음이 닫히면서 어려워지기 시작한다. 우리는 이미 많은 공부를 해왔다. 시험 성적으로 등수를 매기는 결과가 인생에서 중요한 것 같지만, 인생을 멀리 놓고 본다면 결단코 그렇지 않다. 공부를 통해 나를 알고 인생을 배우기 위해서는 마음으로 공부하는 법을 우리는 배워야 한다. 그러기 위해서는 내 마음을 속속들이 들여다보고 마음이 원하는 바를 알아차리는 연습을 시작하는 것이 중요하다. 그렇게 해야 공부를 오랫동안 행복하게 할 수 있다.

03

공부의 본질은 경쟁이 아닌, 성장이다

나는 일란성 쌍둥이로 태어났다. 내가 먼저 1분 차이로 세상에 나와서 언니가 되었다. 사람들은 동생에게 1분 차이로 동생이 되어 억울하겠다고 말을 했다. 하지만 반대로 나는 같은 나이인데 언니 역할을 더 해야 하니, 내가 억울하다고 생각했다. 성장하면서 집안 어른들은 나를 장녀로 대하셨다. 쌍둥이였지만 '언니'로서의 역할이 부여된 것이었다. 그러다 보니 자연스럽게 동생을 지켜주고 어른스럽게 행동하는 습관을 기르게 되었다.

어디를 가든지 우리는 늘 함께였다. 우리는 서로를 비교하는 마음을 가지고 서로를 대한 적이 없다. 우리를 서로 경쟁시키는 것은 학교와 사회 시스템이라는 생각이 들었다. 또한 우리를 비교하고 평가하는 것은 주변 사람들이었다. 가족들, 교회에서 만나는 어른들이 대표적으로 우리 둘을 비교하였다. 누가 더 성적이 좋은지, 누가 더 예쁘게 생겼는지 여러 사람들이 의견을 덧붙였다. 비슷하지만 서로 다른 각자의 고유한 성격과 특성이 있는데, 그것을 알아주는 사람들은 많지 않았다. 쌍둥이로서 관심을 받고 축복과 응원을 늘 받아서 감사했지만, 다른 한편으로는 이런 고충도 있었다. 가끔은 크게 마음의 상처를 입기도 하였다.

학교에서는 우리가 다른 친구들을 잘 사귀도록 늘 다른 반으로 배정하였다. 다른 반 생활을 했지만, 우리는 오히려 쌍둥이라서 든든했다. 우리는 절대 갈라놓을 수 없는 최고로 끈끈한 우정으로 연결되어 있었다. 그래서 어떤 친구든 우리 둘을 이간질할 수는 없었다. 오히려 친구들과의 관계에서 우리는 자유로울 수 있었다. 서로 의지하며 생긴 여유 덕분인지 다른 친구들과 더욱 잘 지낼 수 있었다.

우리 둘을 놓고 볼 때, 함께 성장해온 삶을 경쟁으로 볼 수 있을까? 나는 동생과 경쟁을 한다고 생각한 적이 한 번도 없었다. 주변 사람들은 우리를 서로 경쟁자라고 불렀다. 학교에 진학하고 시험을 보고 평가를 받는 삶 속에서 경쟁자로 보는 것이 맞다. 하지만 이기고 지는 것은 우리에게 중요하지 않았다. 서로 위기를 잘 헤쳐나가도록 돕고 함께 가는 것이 중요했다.

쌍둥이로 지내온 나의 삶을 돌아보니, 치열한 경쟁 사회에 대한 의문이 든다. 우리가 죽도록 공부하고 노력해서 다른 사람을 제치고 1등이 되면 과연 행복할까? 좋은 대학, 좋은 학과에 들어가는 것을 이룬다는 것은 단기 목표는 될 수 있다. 하지만 그 목표를 이루어 어떤 삶을 살고 싶은지에 대하여 진지하게 생각하지 않는다. 모든 사람은 이 땅에 태어난 목적이 있다. 그리고 누구에게나 주어진 빛나는 재능이 있다. 그것을 이루고 펼치는 삶을 사는 것이 이 땅에 온 목적이라고 나는 믿는다. 그것을 발견하도록 찾고 개발하는 것이 우리가 해야 할 일이다. 우리는 1등이 되어 이기고, 경쟁하려고 태어난 것이 아니라고 생각한다.

나는 어린 시절 동년배보다 성장이 빨랐고, 운동신경이 좋은 편이었다. 아버지께서 어린 시절 배구선수로 활동하셨는데, 운동신경을 아버지께 물려받은 것 같았다. 학교 운동회 때마다 나는 달리기 선수로 나갔다. 100m 달리기부터 운동회의 하이라이트인 계주까지 모든 종목에 출전했다. 그 중 단거리 달리기에 두각을 보이기 시작했다. 그리하여 초등학교 4학년 때 육상부에 들어가게 되었다. 나의 종목은 100m 달리기였다. 지금 정확히 기억나지 않지만, 100m 거리를 16~17초대로 달렸던 것 같다. 선수용 스파이크 신발을 신고 도착 지점까지 온 힘을 다해 달리는 시간이 즐거웠다. 초등부 군 대회 경기에서 좋은 성적을 거두어 군 대표 선수가 되었다.

내가 속했던 육상부에는 전국체전 2등을 했던 선배가 있었다. 선배는 빨갛게 머리를 물들였고 연습을 많이 했는지 전신이 까무잡잡했다. 선배의 포스에 압도당하며, 함께 육상부 훈련을 시작하게 되었다. 운동선수의 세계를 체험하게 되니 새로운 세상이었다. 선수 트레이닝을 받으며 역기도 들고, 여러 다양한 근력 운동을 배웠다. 줄넘기, 수영, 오래달리기 등 여러 운동으로 체력을 단련하였다.

그렇게 몇 달 동안 집중 훈련을 하고, 예산에서 열리는 충청남도 도민체전을 나가게 되었다. 고향을 대표해서 나가는 선수로서 자부심이 컸다. 큰 대회를 처음 나가게 되어 긴장이 많이 되었다. 예선전의 시간이 다가오고, 경주 레이스에 멋지게 서게 되었다. 심장은 쿵쾅대며 달릴 준비를 하는 와중, '땅' 하고 총성이 울리고, 20초 내로 경기가 빠르게 끝났다. 나는 최선을 다해 죽도록 뛰었다. 하지만 점점 뒤로 처지더니 꼴찌로 결승선을 통과했다. 앞서나가는 선수들과 격차가 꽤 나는 것을 눈앞에서 보게 되었다.

인생에서 꼴찌라는 등수를 처음 경험하니 얼떨떨하였다. 더 치를 경기가 없어, 끝난 즉시 집으로 돌아오게 되었다. 가족들에게 꼴찌를 했다는 결과는 차마 부끄러워서 말하지 못하였다. 승부의 세계는 냉혹했고, 씁쓸한 결과에 실망스러웠다.

지금 돌아보면 최선을 다해 달렸던 어린 11살의 내가 참 기특하다. 좋은 성적을 내기 위해 최선을 다했고, 결과를 잘 받아들였다. 나의 성적표를 인정하고 스스로 수고했다고 다독여줄 수 있는 사람이 진정한 승자라는 생각이 든다. 다른 사람과의 달리기 경주에서 나는 패배를 했지만, 인생의 소중한 교훈을 얻을 수 있었다. 짧은 육상선수 생활을 통해 다른 사람과의 경쟁은 곧 나 자신의 성장을 불러온다는 것을 느낄 수 있었다. 실패는 나아가는 길을 점검하고 더 좋은 길을 갈 수 있는 지혜를 가르쳐준다. 꼴찌의 경험이 1등을 한 것보다 오히려 더 소중한 경험이 되었다.

경쟁하는 삶을 살다 보면, 욕심이 많고 승부욕이 지나치게 강한 사람들을 종종 만난다. 그들은 경쟁을 통해 긍정적인 영향과 시너지 효과를 주기보다, 반대로 부정적인 영향을 끼친다. 이런 사람들의 특징 중 하나는 본인을 평가하는 기준이 높다는 점이다. 그러다 보면 완벽주의에 빠지기 쉽다. 완벽을 추구하면 낮은 자존감을 가리고자 더 크게 자랑하고 으스대려고 한다. 완벽하게 결과물을 내지 못하면 크게 실의에 빠져 좌절하기도 한다. 그러면서 오히려 도전하지 못하고 자기감정에 빠져 괴로움 속에 헤매게 된다.

우리는 욕심과 열정을 잘 구분할 줄 알아야 한다. 욕심과 열정을 구별하기 위해서는 어떤 마음에 기인했는지 살펴보면 된다. 다른 사람을 제치고 본인의 이익만을 생각하는 이기심에 뿌리를 둔 것이 욕심이다. 내 인생의 순수한 꿈과 이것을 세상과 함께 나누고자 하는 마음에 기인한 것이 열정이 되겠다. 우리는 공부를 할 때 욕심보다는 열정으로 시작하도록 방향을 잡아야 한다.

나는 지금까지 공부를 하면서 무수한 경쟁을 해왔다. 학교 공부, 진학, 수능시험, 취직 등 많은 인생의 과제 앞에서 높은 경쟁률을 뚫고 생존해 왔다. 그 순간만큼은 경쟁에서 이기는 것을 목표로 삼았지만, 정작 이기게 된 후에 어떻게 살지 생각해본 적이 없었다. 나는 이 대목에 주목하고 싶다. 의대에 들어와 동기들과 선후배들을 보며 많은 것을 느꼈다. 의대 합격이라는 목표를 이루었지만, 그 이후의 삶에 대해서 명확하게 꿈꾸는 사람들은 많지 않았다.

공부 경쟁에 초점을 맞추기보다 함께 성장하는 것에 집중할 필요가 여기에 있다. 나밖에 모르는 공부는 진정한 자아실현과 행복한 삶을 가져다줄 수 없다. 서로에 대해 창과 방패를 겨누며 싸우는 것이 아닌, 성장하며 함께 더 좋은 사회를 만들어가는 것은 더없이 귀한 가치이다.

다음 문구에 나의 이름을 대입하여 읽어보자. 경쟁에 지쳐버린 나 자신에게 진정성 있게 이야기해주자.

"OO야, 지금까지 앞만 보고 달려와서 많이 힘들었지? 이제 조금씩 쉬면서 너 자신을 사랑하고 돌봐야 해. 인생 별거 아니야. 그리고 항상 너와 함께하는 주변 사람들을 잊지 않도록 하자."

나는 이 표현을 보자마자 눈물이 왈칵 쏟아졌다. 그동안 고생한 나에게 주는 훈장 같은 문장이었다. 이 문구는 시험에 합격 소식을 전하는 내게 보내온, 사랑 많으신 나의 둘째 고모의 문자 메시지 내용이었다. 그렇다. 앞만 보고 내달렸던 삶에서 이제 함께 가는 옆 사람을 돌아보는 것, 그것이 공부의 본질임을 이제 깨달았다.

04

잡념에 대한 치료법은 현재에 몰입하는 것이다

공부가 잘 안 되는 가장 큰 이유 중 하나는 잡념이다. 생각이 꼬리에 꼬리를 물고 이어지면 공부에 집중하기는 쉽지 않다. 나는 시간이 날 때면 그날 하루 있었던 일을 다시 복기하는 습관이 있었다. 특별한 의미 없이 지나가던 대화, 지나가면서 봤던 풍경 등 여러 장면들이 생각의 수면 위로 올라왔다. 그중 잔상이 오래 남는 사건들도 종종 있었다. 하루를 살면서 우리는 수없이 많은 생각과 감정을 느낀다. 흘러가는 생각의 조각들이 잡념으로 남을 때가 많았다.

공부 인생을 살며 가장 많이 떠올랐던 잡념은 크게 세 가지로 요약할 수 있었다. 가장 먼저, '걱정'이라는 잡념이다. 나는 걱정이 정말 많은 사람이었다. 걱정이 많았던 것은 어린 시절 경험으로 거슬러 올라간다. 내가 유치원에 입학할 즈음, 나의 어머니는 양호교사라는 꿈을 이루기 위해 간호대학에 진학하셨다. 그로 인해 할머니와 이모들께서 나와 쌍둥이 동생을 보살펴주셨다.

가족들의 사랑과 관심을 듬뿍 받으며 자랐지만, 어머니의 빈자리는 어쩔 수 없었나 보다. 몇 년 동안 엄마의 부재로 인해서 나는 알게 모르게 불안감을 느꼈던 것 같다. 그러면서 엄마가 멀리 가서 돌아오지 않을까 어린 마음에 걱정을 달고 지냈다. 초등학교 입학할 때 엄마가 간호사 시험에 합격하셔서 매일 밤을 함께 잘 수 있다고 생각하니 너무 기뻤다. 어릴 때부터 걱정을 자주 하다 보니, 가장 많은 시간을 보내던 공부 시간 동안 걱정이 일상이 되었다. '시험에 좋은 성적을 못 받으면 어쩌지.', '성적이 잘 안 나와 실패하면 큰일인데, 너무 걱정 된다.'와 같은 생각은 늘 공부의 배경이 되었다. 그렇게 걱정은 새로운 걱정을 데리고 왔다.

다음으로 많았던 잡념은 '사람을 좋아하는 감정'이었다. 좋아하는 사람이 생기면 그 사람은 뭐 하고 있을지 궁금하고, 시도 때도 없이 떠오르기 마련이다. 가장 좋아했던 교회 오빠가 있었다. 그 사람은 모두가 좋아하는 '만인의 연인'이었다. 짝사랑을 앓던 시간이 괴롭기도 하고 생각하면 설레는 마음으로 행복해지기도 하였다. 천국과 지옥을 오가는 감정이 출렁댔다. 이런 감정을 다잡기 위해서 나는 반대되는 생각을 하려고 애썼다. 공부에 방해되는 감정은 시간 낭비, 에너지 낭비라고 여겼던 것 같다. 그보다는 나 자신에게 투자하겠다고 생각하며 잡념의 파도 속을 헤쳐 나오려고 했다.

마지막으로 '시험 기간 동안 공부 말고 하고 싶은 것'이 샘물처럼 솟아올랐다. 시험공부를 하려고만 하면 책도 더 읽고 싶고, 맛있는 것도 더 먹고 싶어졌다. 보고 싶은 드라마나 영화도 더 생겨났다. 시험공부만 아니면 모든 것을 다 행복하게 할 수 있을 것 같다는 생각에 지배를 당했다. 그래서 시험공부를 미루다가 벼락치기 해서 힘들게 시험을 치기 일쑤였다.

잡념과의 싸움에서 끌려다니다 보니 스스로 결단이 필요했다. 잡념을 떨치고자 나름의 노력을 기울이기 시작했다.

첫 번째로 즐거운 노래를 들으려고 노력했다. 가장 많이 들었던 것은 아이돌의 밝고 희망찬 가사가 있는 노래였다. 밝은 노래를 듣고 용기를 낼수록 공부에 집중할 수 있는 에너지가 충전되었다. 한 노래에 꽂히면 몇 달씩이고 들으며 시험 기간을 보내게 되었다. 노래에는 강력한 힘이 있다는 것을 느끼게 되었다. 시험을 앞둔 초조한 내 영혼에 큰 위로와 격려를 해주는 듯하였다.

두 번째로 성경 말씀을 읽고 공부하는 책이나 자료에 작게 필사하는 시간을 가졌다. 성경을 오래 읽다 보면 눈꺼풀이 무거워지기도 하였지만, 가슴을 울리는 짧은 구절들은 공부에 집중할 수 있는 힘을 주었다.

가장 힘이 되었던 글귀는 다음과 같다. 나는 시편의 구절을 무척 좋아했다. 시편 27편의 내용을 자주 읽고 또 읽었다.

"여호와는 나의 빛이요, 나의 구원이시니 내가 누구를 두려워하리요. 여호와는 내 생명의 능력이시니 내가 누구를 무서워하리요. 악인들이 내 살을 먹으려고 내게로 왔으나 나의 대적들 나의 원수들인 그들은 실족하여 넘어졌도다. 군대가 나를 대적하여 진 칠지라도 내 마음이 두렵지 아니하며 전쟁이 일어나 나를 치려할지라도 나는 여전히 태연하리로다.

내가 여호와께 바라는 한 가지 일 그것을 구하리니 곧 내가 내 평생에 여호와의 집에 살면서 여호와의 아름다움을 바라보며 그의 성전에서 사모하는 그것이라. 여호와께서 환난 날에 나를 그의 초막 속에 비밀히 지키시고 그의 장막 은밀한 곳에 나를 숨기시며 높은 바위 위에 두시리로다. 이제 내 머리가 나를 둘러싼 내 원수 위에 들리리니 내가 그의 장막에서 즐거운 제사를 드리겠고 노래하며 여호와를 찬송하리로다."

나를 지켜주는 존재가 있다고 믿는 것은 정말 든든한 일이다. 살아가면서 겪게 되는 시련을 통해 신과 찾고 더욱 가까워질 수 있다고 생각한다. 병원에 있는 작은 기도실에서 시편 말씀을 읊조리며 마음을 비워내는 시간을 자주 보내었다.

마지막으로 짧게나마 함께하는 친구들과 수다를 떠는 것이었다. 나는 조용한 성격이긴 했지만 친해진 친구들과는 몇 시간이고 이야기를 하는 것을 좋아했다. 마음이 맞는 친구와 각자의 삶에서 겪었던 생각을 나눌 수 있다는 것은 큰 축복이었다. 그리고 잡념을 가득한 머릿속을 비우는 데 생각보다 요긴했다. 친구와 재미있게 이야기를 하면서 기분이 좋아졌고 서로를 응원해주었다. 같은 처지에 놓여 있어 깊은 대화를 하지 않아도 공감이 가고, 마음을 쉽게 나눌 수 있었다.

어느 날은 잡념을 이기고 공부가 매우 잘된 날이 있었다. 수업 시간에 어려운 내용을 공부한다고 해도 마음에 부담감이 들지 않았다. 크게 심호흡을 하며 마음을 정돈하고 그 시간에 주어진 것에 단순히 집중해보았다. 마음속에서 따뜻한 램프가 켜진 것 같은 느낌을 받았다. 온전한 몰입 상태에 들어가면 그 많던 잡념은 온데간데없이 사라져 있었다. 몰입의 상태로 쉽게 들어간다면 공부를 즐겁게 할 수 있는 무기를 얻었다고 할 수 있다.

이렇게 나 자신에게 물어보자. "지금 내가 하는 공부에 대해 어떤 생각과 감정이 들었니?" 이에 대하여 긍정적이라면 우리는 공부를 즐기고 유쾌하게 받아들이고 있다고 볼 수 있다. 그렇지 않다면 공부는 아주 무거운 짐이 되어 우리를 짓누르고 있는 것이다.

몰입하기 위해 우리는 잠시 삶의 상황을 잊고 현재의 순간에 주목할 필요가 있다. 우리는 문제로 인하여 고민에 빠져드는 순간 새로운 것이 들어갈 수 없게 된다. 현재에 우리의 모든 감각과 주의를 집중해보면, 어떤 문제가 있는지 바라볼 수 있게 된다. 과거에 공부하지 않았다고 여기는 후회심과 앞으로 공부해야 할 미래에 집중하는 것을 내려놓자. 그보다 지금 이 순간에 머물러보자. 지금 하는 일에 온전히 집중할수록 실타래처럼 엉킨 잡념 덩어리들이 저절로 풀리는 것을 경험하게 될 것이다. 현재 나의 상태를 돌아보고 있는 그대로 받아들임을 통해 잡념을 치료하고 온전히 몰입하는 상태로 들어갈 수 있다.

잡념으로 괴로운 시간보다 즐겁게 몰입하는 시간을 늘리기 위해서는 마음을 열어야 한다. 조용히 집중할 수 있는 환경을 만들고, 가장 기분이 좋은 상태를 만들면 몰입에 들어가기 쉽다. 은은한 향초를 피우고 따뜻한 커피나 차를 옆에 두고 고요한 나만의 시간을 갖는 것도 좋다. 또한 잡다한 생각보다는 목표를 이룬 모습을 생생하게 상상해본다. 구체적으로 내가 원하는 것을 이루었다는 느낌을 가져본다. 의미 없는 생각이나 부정적인 감정으로 생각을 얼룩지게 만드는 것보다 훨씬 나은 선택지가 된다.

나 자신에게 집중하는 힘을 기를수록 자신감 있게 공부할 수 있게 된다. 집중력을 높여 몰입하는 훈련을 통해 인생의 많은 일을 즐겁게 해나갈 수 있을 것이다. 잡념과의 사투 속에서 몰입이라는 꽃을 피워내보자. 몰입할 수 있는 능력은 각자의 내면에 이미 가지고 있다.

05

어쩌다 시험 전날

누구든 대학생이 되면 두근거리는 캠퍼스 라이프를 꿈꾸게 된다. 여유롭게 캠퍼스를 거닐며 새로운 친구들과 즐거운 시간을 보내는 상상을 한다. 나 또한 의대에 입학 후 설레는 캠퍼스 라이프를 원했지만, 현실은 '시험 라이프'였다. 시험을 자주 보면 매주 본 적도 있었고, 2~3주 간격 혹은 매달 보는 일정도 있었다. 그러다 보니 매일매일이 시험 기간 그 자체였다.

학교 강의 일정 시간표가 다 짜여서 나왔고 내가 선택할 수 있는 것은 없었다. 어떤 과목을 들을지 선택하여 수강 신청을 하는 다른 학과의 친구들이 부럽기도 했다. 아침 8시 30분부터 5시 30분까지 빈틈없이 꽉 차 있는 시간표였다. 쉬는 시간 10분으로 이어져 있는 종일 수업을 듣다 보면 시험 날짜는 코앞으로 다가왔다. 시험이 끝나도 또 시험공부를 반복해야 하는 일상 속에서 스트레스를 잘 관리하는 것이 무엇보다 중요했다.

의대에 입학 후 초반에는 시험을 보는 것이 곤혹스러웠다. 집에서 공부할 때면 침대에 10분만 누웠다가 하려고 하면 다음 날 아침을 맞이했다. 함께 자취하는 동생은 내가 잔다고 하면 편하게 자라고 핀잔을 주기도 했다. “어차피 못 일어날 텐데, 양치하고 옷 갈아입고 편하게 자!” 동생 말이 맞았다. 누워버리면 다시 일어나기 위해서는 엄청난 의지가 필요했다. 몸도 마음도 시험공부에 지쳐 녹아내리는 느낌을 받았다. 시험 전날이 아니라면 일어난 적은 거의 없었다.

공부해야 하는데 놀고 싶고 쉬고 싶은 마음은 누구나 있을 것이다. 그렇게 며칠을 미루고 놀다 보면 시험 전날이 되어버렸다. 하루에 여러 과목 시험을 치는 날이면 시험 전날은 꼬박 밤을 새웠다. 모든 커피와 에너지 드링크, 달달한 초콜릿은 필수품이었다. 이렇게 시험 일상 속에서 몸과 마음을 잘 돌보지 못하면 쉽게 지쳐버리기 일쑤였다.

가장 기억 남는 시험 전날이 있다. 해부학 시험공부를 하던 밤이었다. 해부학 시험은 신체의 부위마다 나누어 여러 번으로 나누어 보았다. 당시 해부학 시험 범위는 신체 중 다리에 해당하는 하지 파트였다. 다리의 얕은 부위부터 심부에 이르기까지 뼈, 근육, 인대, 혈관, 신경의 분포를 배웠다. 의학 용어를 영어와 한글을 함께 외워야 했다. 친구와 함께 다리를 가리키고 움직여가며 혼신의 힘을 다해 외웠다. 방대한 양에 압도되었지만 차근차근 단계를 밟아나갔다. 앞 단어를 따서 노래를 부르거나, 본인만의 연상법을 만들든지 기억에 남는 암기법을 총동원하여 달달 외우고 반복하였다.

당시 수업 시간에 교수님께서 시험에 어떤 형태로 내겠다고 힌트를 주신 부분을 친구와 공유하였다. "교수님께서 서술형 문제로 꼭 내신다고 했으니까, 이건 꼭 서술형으로 외워 두어야 할 것 같아." 시험 전날이었지만 우리는 열심히 외운 것을 쓰면서 시험 문제에 제발 나오기를 바랐다. 다리에 분포하는 모든 근육과 혈관 신경을 모두 외워서 서술형으로 적는 연습을 했다. 시험 시간이 다가오고 시험 문제가 준비한 대로 서술형으로 나오게 되었다.

친구는 그렇게 시험 전날에 공유해주어 시험을 잘 볼 수 있었다고 고마움을 전했다. 친구와 함께 즐겁게 시험 준비를 한 경험이었다. 그렇게 시험 전날에 중요한 사항을 나누고 집중해서 준비하는 것도 큰 도움이 되었다. 시험 전날은 역사를 새로 쓸 수 있는 기회이기도 했다.

시험의 인생을 살아가다 보니 그에 대한 부담, 스트레스가 미래에 대한 염려와 불안으로 이어지기도 했다. 시험에 몸과 마음이 지치고 에너지가 소모되다 보면 무너질 때가 종종 있었다. 아무리 맛있는 뷔페 음식을 먹어도, 가족들과 친구들에게 위로를 받아도 회복이 잘 안 될 때가 있었다. 스스로를 돌보고 진정한 힘을 내도록 하는 것은 내가 해야지 누가 해주는 것이 아니었다. '도대체 시험 없는 삶이 있긴 한 걸까?'라고 생각하며 끝이 보이지 않은 터널 속을 지나가는 것 같았다. 막막함에 땅이 커지도록 깊은 한숨을 내쉬었다. 다행히 그런 생활은, 의과대학 4학년 정도 올라가니 익숙해지기 시작했다. 반복의 힘이 참 무섭고도 강했다. 시험에 대하여 당연하게 받아들이고 자연스럽게 공부하는 생활이 지속되었다.

밀려오는 시험 일정을 어떻게 잘 헤쳐나갔는지 돌이켜보면 시험에 대해서 단순하게 바라보기 시작하면서부터 달라지기 시작했다. 시험을 큰 산으로 바라보게 되면 큰 문제 앞에서 숨이 턱 막혀오게 된다. 처음에는 거대한 태산같이 느껴졌지만, 시험을 겪을수록 시험을 바라보는 관점이 조금씩 변하기 시작했다. 빡빡한 시간 동안 시험 범위를 내 것으로 만들고 문제를 풀 능력을 키우려면 군더더기를 줄이고 핵심에 집중해야 했다. 핵심 내용에 집중하고 그다음은 단순 암기로 밀어붙이기도 하였다.

모든 공부는 기본적인 암기를 바탕으로 한다. 중요한 내용을 머릿속에 저장하여 기억하고 통합하여 시험 문제를 잘 풀 수 있다. 그래서 나는 완벽을 포기하고 중요 내용을 공략하며 공부 범위를 빠르게 여러 번 반복하며 시험 준비를 했다.

초조하게 시험 전날 암기하는 모습을 누군가 본다면 안타깝게 생각할지도 모르겠다. 최종적으로 내가 볼 필기 자료를 손에 붙잡고 마지막 열정을 불태우는 시간이다. 엄청난 분량의 내용을 다 외우기에는 한계가 있다. 살길은 무한 반복하고 암기하는 것이었다. 의대생끼리의 표현을 빌리자면 '눈에 바른다.'라는 표현을 자주 썼다. 공부 자료를 빠르게 눈으로 익히고 넘기면서 조금이라도 좋은 점수를 얻기 위한 마지막 몸부림이다. 모든 공부 내용을 탈탈 털어 입으로, 손으로 암기하고, 눈에 바르고 시험장에 들어간다.

내가 공부한 것이 시험에 나오면 기분이 정말 좋았지만, 어설프게 기억하면 항상 답가지 두 개 사이에서 고민하게 되었다. 시험이 끝나고 집으로 돌아오면 긴장이 풀어지면서 모든 생각은 잊고 푹 잠을 잤다. 에너지가 남으면 맛있는 음식을 먹고 친구들과 노래방에 가서 스트레스를 풀기도 하였다. 잠깐 숨을 고르고 다시 시험을 준비해야 했기에 짧고 굵게 휴식을 잘 보내야 했다.

매번 우리는 반복되는 일상 속에서 자주 하는 말이나 표현이 있다. 흔히들 긍정적인 표현보다는 불평하거나 부정적인 표현을 더 자주 쓴다. "아, 또 실수를 하다니, 나는 바보인가 봐.", "이번 생은 망했다.", "오늘은 이유 없이 기분이 안 좋네." 등 찾아보면 정말 많을 것이다. 시험에 대해서도 비슷한 표현을 많이 들을 수 있다. "이번 시험은 공부를 제대로 못해서, 망한 것 같아.", "시험공부 하느라 죽을 뻔했어.", "시험 없는 세상에서 살고 싶어.", "나는 못할 것 같아. 공부하기 너무 싫어." 등 많은 푸념들을 쏟아내기에 바쁘다. 이러한 생각은 시험을 힘들고 어려운 것으로 생각하는 것에 뿌리를 둔다.

나 또한 부정적인 반응을 보이는 사람이었다. 눈 깜짝할 사이에 시험 전날이 되었는데, 만족스럽게 공부를 하지 못한 느낌이 들었다. 내가 잘한 것보다 못한 부분에 집중하다 보니 불평과 불만을 늘어뜨렸다. 그러다 보면 마음이 말한 대로 더 힘들어지는 경험을 했다. 그렇게 말한다고 해서 내 마음이 편해지거나 상황이 나아진 적은 없었다. 그래서 반대로 생각하기로 마음을 먹게 되었다.

시험이 있기에 그래도 공부를 할 이유와 목적이 생긴다고 좋게 생각했다. 못한 것보다 잘 해낸 것을 스스로 칭찬했다. 긍정적으로 생각하고 '나는 할 수 있다!'를 외치며 천천히 달려나갔다. 그렇게 하니 마음도 편해지고 시험이라는 상황을 쉽게 받아들일 수 있었다. 수백 번의 시험을 치르면서 알게 모르게 많은 성장을 했다.

살면서 우리는 수많은 일을 경험한다. 그 경험을 내 것으로 만들지 못하면 파도에 이리저리 휩쓸리는 난파선 같은 삶을 살게 된다. 나의 경험으로 온전히 녹여내기 위해 나의 생각과 감정을 절제하고 인내할 줄 알아야 한다. 그렇게 훈련을 하다 보면, 자신 있게 결정하고 스스로를 발전시킬 수 있게 된다.

부정적인 생각과 감정이 들면 의식적으로 거부하고 긍정적인 부분을 선택하는 편이 낫다. 내가 하는 말이 나 자신과 다른 사람에게 영향을 끼친다는 것을 깨닫고, 좋은 것을 선택하는 인생을 살자. 학교에서 보는 시험뿐 아니라 우리 인생은 여러 시험 앞에 놓인다. 시험 전날처럼 초조한 순간이 누구나 찾아온다. 우리는 각자에게 맞는 방법으로 연습하고 반복하며 시험을 잘 준비해나갈 수 있다. 바람 앞에 등불처럼 두려움에 떨기보다 초연하게 삶의 시험을 받아들이는 여유가 필요하다. 천천히 심호흡하며 마음에 여유를 불어넣고 그 시간을 즐겨보자.

06

의대생의
살벌한 실습 시간

의과대학 일정에는 1년 동안 병원 실습 기간이 있다. 1년 동안 병원의 전체 과를 돌며 실제 병원 현장을 생생하게 경험하는 시간이다. 그러면서 앞으로 어떤 과로 진로를 정할지 결정할 수 있는 시기이기도 하다. 오래 앉아만 있어야 하는 수업에서 벗어나 병원에 가서 활동적으로 일정을 보낼 수 있어 무척 기대되었다. 실습을 돌게 될 조가 발표되고, 나는 평소에는 크게 친하지 않았던 동기들을 함께 만나게 되었다. 친해질 수 있는 좋은 계기가 되겠다고 즐겁게 생각하고 실습을 시작하게 되었다.

실습 일정은 과별로 차이가 있지만 크게 나눠보면, 회진, 외래 참관, 시술 또는 수술 참관, 논문이나 증례 발표, 술기 연습, 쪽지 시험 등으로 구성되어 있다. 짧게는 1주에서 한 달 동안 특정 과를 돌며 선배 레지던트 선생님들과 교수님의 가르침을 받는다. 담당 환자분을 배정받으면 환자분 상태를 파악하고 아침 회진 시간에 보고하기 위해 새벽같이 출근하기도 한다. 출근 시간은 엄수해야 하므로 동기들과 서로 일어났는지 확인해주며 챙겼다. 한 명의 동기라도 늦게 오거나 혹은 출근하지 않게 되면 연락을 하거나 집으로 찾아가 확인하기도 하였다. 하루 종일 함께 실습 일정을 하다 보니 함께하는 조원들과 금방 친해졌다. 그동안 서로에게 잘 몰랐던 것을 실습을 돌며 새롭게 알게 되었다.

내가 처음으로 실습을 돌게 되었던 과는 심장내과였다. 아침 회진을 분주하게 준비하는 레지던트 선배를 따라다니며 회진을 따라 돌았다. 걸음걸이가 빠르신 교수님과 맞추어 따라가기 위해 열심히 뛰어다녔다. 입원 환자분들을 뵙고 관상동맥조영술 시술과 심장초음파 검사 시간에 참관했다. 병원 안에서는 정말 셀 수 없이 많은 일이 일어나고 있다는 것을 알게 되었다.

실습을 돌면서 모든 학생들이 가장 심혈을 다해 준비하는 것이 있다. 논문 발표 또는 증례 발표 시간이다. 논문 발표는 최신 저널지를 받으면, 내용을 숙지하여 논문의 목적, 방법, 결과, 논의점 등을 발표해야 한다. 논문에 실린 통계방법, 표, 그래프, 그림 등을 해석하고 논문의 내용을 핵심적인 내용 위주로 요약하여 발표하는 것이다. 쉬운 논문이 주어지기를 속으로 고대하지만, 어려운 주제가 주어지면 밤을 새서 준비를 하기도 한다. 근거 중심의 의학을 강조하기 때문에 논문을 빠르게 읽고 해석하고 적용하는 것이 의사의 기본 능력 중 하나이다. 실습을 돌며 발표를 하게 되면 교수님들의 코멘트와 질문이 이어진다. 제대로 내용을 숙지하지 못하면 날카로운 지적과 충고가 비수가 되어 꽂히기도 했다.

살 떨리는 발표는 하나 더 있었다. 입원 환자에 대한 사례 발표가 있다. 케이스 발표라고도 부른다. 환자의 기초 정보들은 알아보지 않도록 처리한 후, 환자분의 상태에 대한 진단, 검사, 치료 과정에 대하여 공부하고 토론하는 시간이다. 나중에 인턴, 레지던트, 전문의가 되어 의사로서의 일을 하기 위해 학생 때부터 발표를 통해 미리 연습하게 되는 것이다. 발표 준비 과정은 다음과 같다. 병실의 환자분에게 가서 진찰에 대한 양해를 구하여 환자분 상태를 파악한다. 이후 진료 기록과 처방을 확인하여 어떤 검사와 치료가 이루어졌는지 질환을 공부하며 발표 준비를 하게 된다.

대체적으로 성심을 다해 준비하지만 선배 레지던트와 교수님께서 보시기에는 부족함은 여실히 드러나게 된다. 또한 목소리 크기, 말투, 태도, 보이는 발표 자료의 배치와 완성도 등 여러 가지에 대한 고칠 점을 듣기도 하다. 의학 용어나 검사 수치의 단위를 잘못 읽기라도 하면 크게 혼나기도 하였다. 비판적으로 평가하는 고약한 교수님과의 발표 시간이 걸리면, 웬만해서는 칭찬을 기대하지 않는 것이 마음 편하다.

실습을 돌며 발표를 하는 시간을 통해 여러 생각이 들었다. 의사로서 서로 의사소통을 하기 위한 기본 소양을 배우는 시간이다. 발표에 대해 지적하고 올바르게 고쳐주는 것 또한 정말 필요한 것이라 생각한다. 하지만 도가 지나친 비난이나 무시, 지적을 받게 된다면 모멸감을 느낄 수도 있다. 선배로서 가르침을 주는 명목으로 비판만 한다면 오히려 학생들의 자신감을 떨어뜨릴 수 있다고 생각한다. 나는 개인적으로 주어진 것을 책임감 있게 잘 해내려고 노력하는 편이다. 또한 윗사람에게 혼나고 싶지 않아 더 열심히 하는 경향이 강했다. 그렇게 하다 보니 최선을 다해서 준비했는데도 지적을 받으면 마음에 상처를 받기도 하였다. 의사 생활이 호락호락하지 않음을 깨닫고 더욱 강해질 수 있었지만, 시간이 지나도 잘 잊히지는 않았다. 어느 정도의 충격 요법은 필요하지만 지나친 트라우마는 그리 좋은 영향을 준다고 생각하지 않는다.

실습 기간의 중반을 지날 때 즈음이었다. 시간이 지나니 여러 조에서 갈등을 겪는 일들이 수면 위로 떠올랐다. 맞지 않는 부분 때문에 자주 부딪히다 보면 서로 감정의 골이 깊어지게 된다. 실습 일정이 중반을 향해 달려갈수록 속속들이 조별 갈등이 생겨났다. 맞지 않는다고 그만둘 수는 없기에 서로 양보하며 잘 보내야 했다. 나 또한 동기와의 불화의 시간도 보낸 적이 있다. 마음고생을 꽤나 했지만 지금 돌아보면 인간관계에 대해 많은 깨달음을 얻은 계기였다. 어리숙한 나의 사회성이 크게 성장할 수 있었다.

실습을 시작하며 병원 생활을 통해 새로운 관계성도 세우게 되었다. 바로 환자분과의 관계이다. 재활의학과의 실습을 돌았을 때의 일이다. 뇌졸중을 최근에 진단받고 신경과에서 급성기 치료를 완료한 분으로, 재활 치료를 위해 전과가 되었던 분이다. 반신불수 상태에 대한 다양한 재활 치료를 받고 계셨다. 환자분의 신경학적 검사를 수행하여 보고해야 하는 과제가 주어졌다. 환자분에게 가서 공손히 부탁을 드렸다.

"안녕하세요, 저는 학생 의사 박성지라고 합니다. 제가 환자분 상태 어떠신지 진찰을 잠깐 해드려도 될까요?"

처음으로 환자분에게 말도 걸어보고 꽤 오랜 시간을 보내게 되었다. 신경 감각과 운동 기능이 어떠신지 검사를 하게 되었다. 환자분은 마음이 따뜻한 친절하신 분이었다. "얼마든지 물어보세요. 편하게 잘 해보세요, 선생님." 오히려 환자분이 여유로우셨다. 땀을 뻘뻘 흘리며 여러 진찰을 해드리고 어떤지 짧게 설명하였다. 환자분 덕분에 주어진 과제를 잘 마무리할 수 있었다. 생각보다 환자분께서 마음을 열어주셔서 나도 편하게 환자분에게 다가갈 수 있었다.

실습을 돌 때 가장 기억에 남는 일이 있다. 호흡기내과 실습 일정을 나를 포함한 조원 4명이 돌기 시작한 날. 우리나라에 병원 감염으로 퍼지고 있던 중동 호흡기 증후군, '메르스'를 겪게 되었다. 호흡기내과를 돌며 실습생들은 환자분의 호흡음을 청진기로 듣고 진찰을 하는 과제가 있었다. 우리 조의 조원 2명이 진찰한 환자분이 있었는데, 그 환자분이 메르스에 확진이 된 것이었다. 다른 병원에서 메르스 환자가 나왔다는 뉴스를 듣고 '메르스가 우리 병원까지는 설마 오겠어?'라고 생각하며 안일하게 여겼다. 크게 걱정 없이 실습 일정을 보내고 있었던 찰나, 아주 가까이에 메르스가 있었던 것이다.

병원이 발칵 뒤집혔다. 그러면서 관련된 모든 밀접 접촉자들은 모두 격리되었다. 나는 환자분과 밀접 접촉하지는 않았으나 조원들과 함께 오랜 시간을 보냈기에, 나 또한 격리를 당했다. 격리하며 밖으로 나갈 수도 없고 집안에서 홀로 보내는 시간이 갑자기 생겨버렸다. 시간이 생기니 여러 생각이 많아지기 시작했다. 내가 혹시 메르스로 진단이 되면 어쩌나 하는 걱정으로 불안했다. 집 안에만 있다 보니 우울감도 들었고, 어디로 훌쩍 떠나고 싶은 마음이 가득 들었다. 다행히 추가 확진자 없이 격리 기간을 마치고 복귀를 하게 되었다. 건강하게 다시 만날 수 있어서 다행이었다. 그때를 생각하면 아찔한 마음이 아직도 생생하게 든다.

병원의 실습을 돌며 실제 병원이 어떻게 돌아가는지 알게 되고, 선배 의사들의 삶을 통해 많은 것을 배웠다. 예상치 못한 메르스 상황도 겪게 되면서 병원에서 일하면 따르는 책임이 크다는 것을 깨달았다. 동기들,

선배 의사들, 환자, 다른 의료진들과의 관계성을 새롭게 세우는 시간이기도 했다. 살벌한 실습 시간을 통해 의사가 되기 위한 전투태세를 갖춰 나갔다. 의과대학 생활을 통틀어 가장 흥미진진했고, 큰 성장을 이루었던 값진 시간임은 분명했다. 그렇게 의사에 한 발자국 가까워질 수 있었다.

07

선배님은 왜
의사가 되고 싶었어요?

내과 레지던트 1년 차로 바쁜 일상을 보내던 중, 졸업한 고등학교를 방문한 적이 있다. 제대로 모교를 방문하지 못했던 것 같았는데 '선배와의 시간'이라는 주제로 후배들을 만나는 시간이 주어졌다. 동기 부여를 주고 공부법에 대한 자료도 만들어 작은 강연의 기회가 주어졌다. 수능시험을 목표로 고군분투하고 있을 아이들에게 어떤 이야기를 해주어야 도움이 될지 고민되었다.

공부에 지쳐 있는 후배들을 생각해보니, 고등학교 시절이 떠올랐다. 지루한 시간이 되지 않도록 몇몇 그림만 배경으로 띄워놓고 나의 경험을 나누기 시작하였다. 의대에 입학하기까지 나 또한 많은 실패와 낙담의 시간을 보냈음을 이야기했다. 진솔한 이야기에 아이들은 초롱초롱한 눈으로 집중해서 들어주었다. 어느 정도 시간이 지나가고, 후배들과의 만남이 마무리를 향해 가고 있었다. 마지막으로 질문 시간이 주어졌다.

"선생님은 매일 1등 하셨나요?"
"의사가 되면 엄청 바쁘다던데, 잠을 몇 시간 주무세요?"

후배들의 귀여운 질문들이 이어졌다. 생각보다 여러 질문을 해주어서 후배들이 관심을 갖고 강의를 들어주었음을 알 수 있었다. 어느 한 아이가 또 질문을 했다.

"선생님은 왜 의사가 되고 싶으셨나요?"

아마도 의대 진학을 준비하는 후배였던 것 같다. 정곡을 찌르는 질문에 '내가 왜 의사가 되고 싶었을까?' 짧은 시간 깊이 고민하게 되었다.

내가 의사가 되고 싶었던 이유, 내가 공부하는 이유에 대해서 깊게 질문을 던진 적이 많지 않았다. 후배가 기대에 찬 눈빛으로 질문을 하니, 뭔가 뽐낼 수 있는 답변을 해주고 싶었다. 하지만 나는 의사를 희망하게 된 이유가 그렇게 대단하지 않았다. 공부를 열심히 하며 자연스럽게 의대 진학에 대해서 아버지께 권유를 받게 되었던 과정을 이야기해주었다.

있는 그대로 질문에 대해 답변해주었다.

나는 어린 시절 다른 사람을 돕고 싶다는 막연한 생각을 갖고 성장했다. 의사라는 꿈이 구체화된 계기 중 하나로 성격 검사가 있다. 진로 고민을 하며 MBTI 성격 검사를 한 적이 있었다. 나는 ISFJ 형으로 나왔다. 이는 의료인에 적합한 유형으로 나오게 되었다. 다행히 성향이 잘 맞겠다고 합격 도장을 받은 느낌이 들었다. 의사를 하면 성격적으로 잘 맞겠다고 생각을 굳히게 되었다.

후배들과의 짧은 만남을 뒤로 하고 다시 병원으로 돌아왔다. 잠시나마 모교에 와서 선생님들께 인사를 드리고 후배들을 만나 나의 이야기를 할 수 있어서 큰 행복감을 느꼈다. 나도 강의를 듣던 자리 앉아 있던 학생이었는데, 어느새 후배들 앞에서 강연하는 인생의 선배가 되어 있었다. 아쉬운 마음에 선배로서 후배들에게 보내는 편지를 남기고 돌아오게 되었다. 당시에 고등학교 모교 후배들에게 남겼던 나의 편지를 소개해본다.

"안녕하세요, 2011년도 졸업생 박성지라고 합니다. 저는 현재 대학병원 내과 1년 차로 근무 중입니다. 어느덧 고등학교 졸업한 지 7년이 지나갔네요. 서면이지만 이렇게 후배님들을 만나게 되어서 반갑습니다! 고등학교 때 시간을 돌이켜보면 지금도 생생하게 떠오릅니다. 울고 웃었던 시간 속에서 소중했던 친구들과 훌륭한 선생님들, 좋은 환경 속에서 3년을 보냈던 추억이 있습니다.

여러분에게 어떤 이야기를 해줄지 고민하면서, 공부를 열심히 하라고 하는 말은 귀 아프게 많이 듣지 않았을까 싶네요! 그것도 물론 중요하겠지만, 공부를 하는 중에도 자기 자신을 잃지 않았으면 좋겠어요. 고등학교 시기가 이후의 삶을 결정하는 중요한 시기인 만큼 몸과 마음이 건강한 상태에서 진학 준비를 하는 것이 참 중요하다는 생각이 들어요. 스트레스가 쌓인다면 건강한 방법으로 해소하고 자기관리를 할 줄 알아야 해요. 혼자서 고민하기보다는 주변의 선생님, 친구들, 가족들과 소통하면서 좋은 방법을 잘 찾아나가며 적용해본다면 힘든 시기도 잘 견뎌낼 수 있으리라 믿어요.

고등학교, 대학교 시절 동안 후회하지 않도록 공부도 해보고, 작은 성취를 해보는 등 긍정적인 경험을 갖고, 나 자신을 더 알아가는 시간을 꾸준히 갖는다면, 내가 진정 원하는 것, 잘하는 것들이 무엇인지 알 수 있을 거예요. 의학과를 준비하고 있는 친구뿐 아니라 공부, 고등학교 생활에 있어서 궁금한 것, 고민거리가 있다면 아래 메일로 연락해주시면 답변 보내드리겠습니다. 더운 여름 날씨로 많이 지쳐 있을 텐데 건강 조심하고 여러분의 꿈을 이루기를 기도할게요, 응원합니다!"

후배들을 생각하며 술술 편지를 써 내려갔던 기억이 생생하다. 나의 고등학교 시절처럼 힘든 시간을 보내고 있는 아이가 있다면 크게 응원하고 싶다. 진로를 고민하는 후배들이 조금은 덜 힘들고, 더 즐겁게 고등학교 시절을 보내기를 바란다. 주변의 이야기보다 마음에서 떠오르는 열망과 꿈을 따라 용기 있게 나아가는 후배들이 많아졌으면 좋겠다. 앞으로 '선배와의 시간'이 다시 주어진다면 더 좋은 이야기로 찾아가도록 해야겠다.

나의 '의사'라는 꿈은 나의 소원이 맞았을까? 나는 초등학교와 중학교 시절에 하고 싶었던 직업은 따로 있었다. 나는 글쓰기와 문학을 좋아했기에 문과 쪽의 성향도 크게 자리 잡고 있었다. 나는 '기자' 혹은 '변호사'가 되고 싶다고 생각했다. 막연했지만 내가 좋아하는 일과 연관 지어 내가 생각해낸 진로였다.

중학교 3학년 시절, 교내 토론의 사회자 역할을 맡게 되었다. 사회를 맡으며 나는 찬성편과 반대편의 입장을 조리 있게 잘 정리하여 토론을 진행하였다. 토론의 무거운 분위기를 가볍게 만들며 매끄럽게 진행했던 기억이 있다. 그러면서 중학교 담임 선생님께서는 내게 방송 PD 쪽의 일을 해도 좋겠다고 칭찬을 해주셨다. 내가 스스로 말을 잘한다고 생각해본 적이 없었는데, 그렇게 칭찬을 들으니 나에게 그런 재능이 있다는 것을 알게 되었다.

나는 어느 한 가지 뚜렷한 재능이 있기보다, 여러 방면에서 넓고 얕게 재능을 보였다. 어느 정도 잘하다 보니 하고 싶은 것도 많아지고 욕심도 많아지게 되었던 것 같다. 그렇게 하다 보니 높은 목표를 세우고 이루고 싶다는 열망이 생겼다. 그렇게 진로 고민을 하다가 의대 진학을 목표로

하게 되었다. 아버지는 내가 의대에 합격할 만한 실력인지 입시 전문가로서 많은 밤을 고민하셨다고 했다. 아버지는 내가 충분히 잘 해낼 수 있을 것이라 믿어주셨다. 힘들겠지만 아버지가 도울 테니 도전해보라고 제안해주셨다.

의대에 입학한 초반에는 아버지의 권유로 이 힘든 의대에 오게 되었다고 불평을 하기도 했다. 의대 공부로 인해 심신이 지치게 되면 그런 생각은 더 진해졌다. 하지만 의사가 되어 돌아보니 그 순간을 이겨내고 의사라는 꿈이 진정한 나의 꿈이 된 것을 발견했다. 그리고 더 나아가 의사가 되어 어떤 삶을 살아가야 하는지 매번 질문하고 내 마음을 확인하며 살아가게 되었다.

나는 나의 자녀가 나중에 태어난다면 의사를 하라고 권유하고 싶은 생각은 없다. 그보다는 자녀가 하고 싶은 일과 기회를 마음껏 제공해주는 그런 부모가 되고 싶다. 어떤 직업을 꼭 해야 한다는 낡은 생각을 이제 버려야 한다. 어떤 직업이든 양심을 따라서 올바른 일을 한다면 나는 무엇이든 응원해줄 것이다. 직업을 선택한 후에 어떤 일을 하며 살 것인지 마음으로 정하는 것이 더 중요하다고 생각한다.

그동안 나는 의사가 되는 것에만 집중하며 살아왔다. 하지만 정작 의사가 되어 보니, 의사로서 어떤 삶을 살 것인지에 대한 준비가 되어 있지 않았다. 그저 주어진 대로 살다 보면 정말 나를 잃어버리기 쉽다. 가족을 위해, 환자를 위해, 병원을 위해 살아가는 삶이 의미 없다는 이야기는 아니다. 하지만 내가 온전히 있어야 가족도, 환자도, 병원도 있는 것이라고 생각한다.

내과 전문의가 된 나에게 다시 물어보기로 했다. "성지야, 너는 어떤 의사로 살고 싶니?", "너는 어떤 삶을 살아야 행복할 것 같아?"라고 말이다. 자기 자신에게 물어보지 않는다면 다른 사람에게 물어보게 된다. 내가 아닌 다른 사람이 원하는 대로, 동의를 구걸하며 끌려다니는 삶을 살게 되는 것이다. 나는 더 이상 그런 삶을 살고 싶지 않다. 어떤 삶을 살아왔건 주도적인 삶을 시작하는 것은 어려운 일이 아니라고 생각한다. 진실한 질문에 대한 진실한 대답만이 나의 삶을 바꾸는 시작이 될 것이다.

08

나 혼자 하는 공부 VS 동기와 함께하는 공부

내가 자주 가던 카페가 있었다. 카페를 가는 목적은 커피를 마시며 즐겁게 공부를 하기 위해서였다. 그 카페 안에는 작은 방이 별도로 있어서 공부하기에는 안성맞춤이었다. 집에서 공부하면 졸음이 몰려올 때 이기지 못하고 잠을 자게 되었다. 그래서 도서관에서 공부해보았다. 하지만 도서관은 소리를 내지 않도록 조용히 해야 하는 것이 자유롭지 못했다. 그러면서 자연스럽게 카페에 가서 공부하는 것이 편하고 집중이 잘되었다.

카페에서 하다 보면 카페에 와서 대화를 나누는 사람들도 있지만, 컴퓨터 작업이나 독서를 하는 사람들이 많다. 자연스럽게 카페가 독서실이 되는 분위기도 느낄 수 있었다. 나는 의대 공부 시간을 카페에서 주로 보내었다. 시험이 가까울수록 긴장이 돼서 집중력이 높아지면 집에서 공부했다.

카페에서 흘러나오는 음악과 여기저기서 들리는 흐릿한 대화 소리는 나의 공부의 배경음악이 되었다. 카페라는 공간이 주는 분위기에서 나는 편하게 집중할 수 있었다. 여러 권의 책과 형형색색 형광펜으로 카페 테이블은 가득 찼다. 한편 카페에서 공부를 하며 카페의 메뉴를 여러 종류 시켜서 먹는 것이 취미가 되었다. 커피와 차 종류와 함께 여러 디저트를 맛보게 되었다. 내가 자주 가던 카페에서는 와플에 바닐라 아이스크림을 가득 올려주었다. 커피와 와플을 맛있게 먹으며 기분 좋게 공부를 시작했다. 카페에서의 공부는 귀가 즐겁고, 눈이 즐거웠다. 힘겨운 의대 시험 공부를 하면서 나만의 탈출구 겸 공부 공간으로 최적의 장소였다. 카페에서의 공부는 의대 생활 동안 계속 이어졌다.

자신만의 공부 환경을 찾는 것은 정말 중요하다. 그렇게 하기 위해서는 내가 무엇을 좋아하고, 어떤 상황이 편하게 느껴지는지 알아차려야 한다. 내가 어떤 분위기에서 집중이 잘되는지, 공부의 능률을 최대로 높일 수 있는 방법은 어떤 것인지 고민해보아야 한다. 우리는 공부하며 주변의 가족, 친구, 선배, 교수님 등 공부에 대하여 조언은 많이 듣는다. 하지만 모든 것들을 통합하여 나에게 가장 잘 맞는 것을 선택하는 것은 나의 의무이자 권리이다. 공부뿐만 아니라 진로를 선택하고, 꿈을 이루는 삶을 살기 위해 필요하다. 나에게 잘 맞는 환경을 선택하는 것은 인생에서 중요한 요소이다.

혼자 공부가 잘 안 되면, 친구들과 삼삼오오 모여서 공부하기로 약속을 잡게 된다. 만나면 동병상련의 심정으로 각자 공부하다가 부딪혔던 어려움을 토로한다. 혼자 공부에 집중하다가 친구들과 함께 공부하면 장점이 많다. 내가 빠트렸던 내용을 친구가 알려주기도 하고, 암기가 잘 되는 방법을 서로 공유하기도 한다. 공부가 잘 안 되는 친구에게 격려해주면서 다시 한번 공부의 의지를 불태우게 된다. 친구가 열심히 공부하는 모습을 보고 자극을 받아 열심히 하게 된다. 혼자 하면 공부를 오랜 시간 집중하기가 한계가 있었는데, 함께하니 집중력이 더 높아져서 더 오래 할 수 있었다. 함께하는 공부는 긍정적인 자극을 주고 시너지 효과를 낼 수 있어 유익하다.

여느 때와 같이 시험 기간에 친구의 집에 나를 포함한 3명의 친구들이 모였다. 시험이 코앞으로 다가와 각자 불안하고 공부가 잘 안 되는 상태였다. 각자가 공부한 개념을 설명해주기도 하고 문제 풀이를 해결하고자 머리를 맞대보았다. 공부하다가 출출하여 쫄깃한 라면을 함께 끓여 먹으며 새벽까지 공부했다. 너무 공부하기 싫었던 날이었는데 동기들 덕분에 시험공부의 감을 놓치지 않고 유지할 수 있었다. 각자 조용히 홀로 공부하다가도 막히는 부분은 서로 물어보며 차근차근 해나갔다. 마음이 잘 맞고 함께할 수 있는 친구들이 있다는 것은 정말 큰 축복이었다.

의대에는 '유급제도'라는 것이 있다. 한 과목이라도 F학점을 맞거나 평균 성적이 C학점을 넘어서지 못하면 낙제를 하게 된다. 유급을 당하면 다음 학기로 진행하지 못한다. 낙제를 받은 해당 학기를 후배들과 다니며 다시 들어야 하는 것이다. 등록금도 다시 내야 하고 후배들과 동급생이 되어 수업을 들어야 하는 현실이 고달플 수 있다. 의대에서 살아남고, 의사가 되는 길은 멀고도 험난했다. 상위권을 계속 유지하는 그룹 말고는, 중위권에서 하위권의 성적을 받는 사람들은 방심하다가 늘 유급이라는 위기를 만나게 된다. 유급당하지 않겠다는 목표로 공부를 열심히 하는 사람도 있었다.

유급 성적표가 나온다고 해도, 재시험이라는 기회가 주어지기도 한다. 재시험을 보아서 성적을 조금 더 좋게 받기 위해 동기들이 힘을 합쳐 도와주기도 했다. 학부 시절 유급을 가장 많이 했던 학기가 있었다. 해부학, 생리학 등 기초 의학 수업이 밀집해 있던 학기였다. 재시험을 보기로 한 동기를 위해 나머지 동기들이 조를 나누어 공부 자료도 돕고, 모르는 것을 알려주기도 하였다. 어떻게든 유급을 피하기 위해 모든 동기들이 힘을 합쳤다. 재시험을 보고서도 탈락의 아픔을 겪은 친구들이 있었다. 안타깝지만 유급을 하게 되면 그 친구와는 마주칠 일이 현저하게 줄어든다.

혼자 공부를 하다가 잘못된 길로 들어서면 유급을 당할 확률이 올라갈 수도 있다. 대부분의 동기들이 알고 있는 평균치 정도는 나도 공부하여 알고 있는 것이 중요하다. 다른 사람이 맞추는 것을 나도 맞추고, 틀리는 것을 나도 함께 틀리면 크게 문제될 것이 없었다. 혼자만 공부하다 보면 시험 범위를 잘못 알기도 하고, 중요한 내용을 빠뜨리고 공부하는 우를 범할 수 있다. 홀로 공부하는 시간이 중요한 만큼 다른 사람들과 함께 공유하고 내 상태를 객관적으로 돌아보아야 한다.

이렇게 공부와의 사투 속에서 나는 시간이 날 때마다 무엇인가 해야만 한다는 강박관념이 많았다. 무엇인가 공부에 도움이 되고 자기계발을 해야 한다는 생각을 했다. 시간이 있을 때는 쉬고 놀 생각보다는 공부를 해야 할 것만 같았다. 끝없이 이어지는 수업과 시험으로 인해서 그렇게 무의식적으로 생각하고 행동하게 되었다. 그러면서 시험이 끝나고 나면 마음의 긴장이 풀리며 공허감이 파도처럼 밀려왔다. 또 하나의 산을 넘었다고 생각했지만, 늘 더 큰 산이 내 눈앞으로 성큼성큼 다가왔다.

나는 공부를 하며 혼자 공부하는 시간을 많이 보내었다. 내가 얼마만큼 시험 범위를 공부했고, 진도를 나갔는지를 알고자 했다. 상대적으로 내 마음이 어떤 것을 느끼고 어떤 상태인지 돌아보는 것에 무심했었다. 빠르게 공부하는 것에는 도움이 되었지만, 가끔은 외로움에 휩싸여 힘겹게 공부하는 시간을 보내기도 했다. 그렇게 혼자 공부 눈에 불을 켜고 공부하고 시험이 끝나면 마음이 공허하고, 쓸쓸한 느낌이 들기도 하였다.

혼자 공부하는 시간 동안 우리는 분주하게 공부 자료와 책에 파묻힌다. 많은 공부를 하면서 우리는 모든 것을 잊어버리고 그 시간만큼은 집중하기를 원한다. 집중이 잘되어 열심히 하고 시험에 좋은 결과를 얻기도 한다. 공부하며 겪은 성공과 실패, 실수, 진실한 통찰력, 모든 것은 정말 소중한 것이다. 이것을 내 것으로 온전히 받아들이고 나를 바라보는 시간도 공부만큼 중요하다. 혼자 공부를 하며 혼자 조용히 돌아보고 성찰하는 시간도 함께 한다면, 최고의 공부가 될 것이다.

공부하다 보면 성적이 높거나 낮은 것에 상관없이 '경쟁심'이란 마음이 들기도 한다. 자기 자신과의 경쟁을 하든, 다른 친구들과의 경쟁이든 이기고 싶은 마음이 든다. 선의의 경쟁심은 더 큰 발전을 불러일으킨다는 점에서 좋다고 생각한다. 혼자 하는 공부와 함께하는 공부를 통해 이러한 좋은 것을 크게 형성해나가는 것이 공부를 지속하는 힘이 된다.

나는 혼자 공부와 함께하는 공부를 조화롭게 해나가기를 추천한다. 혼자 공부의 장점은 오롯이 나 자신에게 집중할 수 있다는 것, 본인의 페이스에 맞게 공부를 이어나갈 수 있는 점을 들 수 있다. 함께하는 공부는 각자의 혼자의 공부 비법들이 만나 더 큰 공부의 결실을 맺도록 돕는다. 홀로 있는 시간 동안 공부의 이유와 목적을 살펴보고 집중하고, 함께할 때는 서로 돕는 즐거운 마음으로 공부를 해보자.

혼자 하는 공부든, 함께 하는 공부든 둘 중의 정답은 없다. 정답이 없다는 것은 나의 마음에 맞게 해보아도 된다는 뜻이다. 나에게 맞는 공부 방법을 찾고, 원하는 공부를 해보는 것이 정답일 수 있다. 나만의 공부법을 만들어나가는 것이야말로 공부의 정답을 찾는 실마리가 될 것이다.

09

고통을 견디는 시간이 내 그릇의 크기를 결정한다

의학과 4학년 때의 일이다. 조별 과제와 레포트 때문에 사흘 연속으로 밤새며 열정을 불태웠다. 쉬지 않고 과제를 하다 보니 몸에 이상 신호들이 오기 시작했다. 어느 순간부터 머리가 아프고 온몸을 두들겨 맞은 듯 몸살 기운이 올라왔다. 쉬려고 일찍 자고 일어나면 좋아지리라 생각했다. 하지만 새벽부터 고열에 시달리기 시작했다. 열을 재보니 40도를 웃돌았다. 고열에 정신이 몽롱하고 붕 떠 있는 것 같았다. 온몸이 불덩이에 두통이 심했다. 쉰다고 해결될 문제가 아니라는 것을 직감했다. 건강하게만 지내왔던 내가 생애 처음으로 응급실이란 곳을 가게 되었다. 함께 자취를 하고 있던 쌍둥이 동생의 부축으로 응급실로 들어섰다.

병원 실습을 돌기 전이었기에 응급실이란 곳이 굉장히 낯설었다. 학생으로 보았던 선배들이 인턴이 되어 실제로 일을 하고 있었다. 응급의학과 교수님께서 진료를 보시며 두통에 고열이 있어 뇌수막염이 의심돼서 뇌척수액 검사를 해야 한다고 말씀하셨다.

나는 마침 당시 신경과 수업을 듣고 있었는데 뇌척수액 검사의 합병증이 머릿속에 둥둥 떠다녔다. 아픈 상태에서는 옳은 판단을 하기 어려운 것 같다. 검사를 해서 잘 치료를 받겠다는 것보단 검사의 합병증이 아픈 와중에도 떠올랐다. 이론적으로 배운 것이지 실제로 합병증이 별로 없는 검사였는데 학생 때라 잘 모르고 있었다. '치료 검사 거부서'라는 동의서에 검사를 받지 않겠다고 서명을 했다. 이후 기본 혈액 검사와 소변 검사를 받았고, 해열제와 수액주사를 맞았다.

시름시름 앓고 있는 내 모습을 보면서 함께 온 동생이 옆에서 지켜보며 크게 걱정을 했다. 그러다가 어느 순간 옆에서 '쿵' 소리가 났다. 동생이 갑자기 실신한 것이었다. 엎친 데 덮친 격으로 동생마저 옆에서 쓰러지니 마음이 참담했다. 처음으로 내가 심하게 아픈 모습을 보고 충격을 받았던 것이다. 옆의 의료진들이 소스라치게 놀라며 침대에 동생을 눕혔다. 혈압, 맥박을 분주하게 재며 의식을 확인했다. 동생도 수액주사가 연결되고 보호자에서 집중 관찰 대상이 되었다. 이렇게 두 자매가 응급실에 누워 있는 신세가 돼버렸다. 건강히 지내던 우리가 이런 일을 겪게 되다니. 서로 누워 있는 처지라 부모님께 전화를 드릴 힘도 없었다. 다행히 동생과 나는 큰 이상 소견은 없었고, 증상 조절을 받고 아침이 돼서야 집으로 돌아오게 되었다.

사람은 살면서 경험이라는 것을 한다. 특정 일이나 상황을 경험해본 자만이 그것을 제대로 안다고 할 수 있다. 의사로서 환자의 고통에 대해여 공감해야 한다고 배웠다. 내가 겪어보지 않은 상태에 대해서 어떻게 공감할 것인가에 대한 화두는 의사의 일만은 아닐 것이다.

환자가 되어보니 어떤 강의 시간보다 그 입장에 대해서 잘 알 수 있었다. 중증의 질환을 진단받은 것은 아니었지만, 강렬하게 아팠던 시간은 나에게 많은 교훈을 주었다. 건강하다고 생각했던 내 몸이 크게 아플 수 있다는 것을 알았다. 또한 아픈 사람의 심정을 잠시나마 강하게 느낄 수 있었다. 그저 몸살감기 크게 앓았던 것으로 치부할지 모르겠지만 나는 유서를 써야 하나 싶을 정도로 심하게 아팠던 경험이었다. 쓰나미가 모든 것을 쓸고 지나는 느낌 속에서, 저항할 힘도 없었다.

몸이 크게 아프고 난 뒤, 회복하고 나서도 여파는 컸다. 심신 모두 의욕이 많이 떨어졌다. 한동안 아무것도 하고 싶지 않고 기분이 우울했다. 내가 쉽게 죽을 수도 있을 것 같다는 생각이 한동안 머리에서 떠나지 않았던 것 같다. 하지만 아픈 만큼 성숙한다는 말이 있지 않던가. 아팠던 경험이 훗날 의사로서 진료를 볼 때 빛을 발하리라 믿었다.

당시 응급실 진료를 보면서 가장 기억에 남은 분이 있다. 힘들게 누워 있는 내게 위로해준 따뜻한 분이 계셨다. 바로 검사실로 이동을 도와주시는 수송기사님이었다.

"금방 회복될 테니 너무 걱정하지 말아요."라고 밝게 웃어주시면서 힘을 불어넣어주셨다. 아파서 불안해하는 나를 위로해주고 진정으로 공감해주셨다. 그 순간에 어떤 의사나 간호사도 그렇게 이야기해주는 사람은 없었다. 다들 정신없이 분주한 응급실 환자를 보느라 그럴 여유는 없어 보였다. 고열로 정신이 없는 중이었지만, 나도 아픈 사람에게 저렇게 따뜻하게 이야기해주는 사람이 되리라 다짐했다. 절대 잊을 수 없는, 참으로 따뜻한 마음을 가진 분이었다.

"No pain, No gain."이라는 영어 명언을 들어본 적이 있을 것이다. 의대에 입학하여 가장 집중하고 긴 호흡으로 준비하는 시험, 의사 국가고시를 앞두고 수없이 외치는 문구였다. 의학과 6학년으로 올라오니, 시간이 참 빠르다는 것을 그제야 느꼈다. 고생스러운 공부 시간이 평생 이어질 것처럼 보였지만 끝이 보이기 시작했다.

의사 국가고시는 실기시험과 필기시험으로 나누어져 있다. 두 개 모두 통과해야 합격을 하게 된다. 실기시험은 주어진 환자의 증상에 맞게 진료를 수행하는 것과 술기 능력을 평가받는다. 학교에는 실기시험을 준비할 수 있도록 가상 병원 시설이 있었다. 만반으로 시험을 대비하기 위해 익숙해질 때까지 무한 반복하였다. 동기들과 조별로 연습하고 또 연습했다. 서로 환자, 의사 역할을 번갈아하면서 실제 시험 보는 상황을 계속 훈련하고 서로 피드백을 주었다. 언제 이 많은 내용을 다 할지 막막했지만, 동기들과 서로 도와가며 준비하니 어렵지 않게 해낼 수 있었다.

필기시험은 개념서와 기출 문제집을 수십 권을 풀어나가며 문제 풀이에 최적화되도록 반복해나가야 했다. 그동안 시험 보는 데 이골이 나 있었기 때문에 기계적으로 시험공부를 할 수 있었다. 하지만 시험에 대한 불안과 걱정은 시험을 아무리 많이 보아도 사라지지는 않았다. 독서실을 신청하여 칸막이 책상에 파묻혀 오랜만에 지독히 공부했다. 외로운 나와의 싸움은 지속되었다.

의사 국가고시를 준비하면서 함께 생각해야 할 것이 있다. 국가고시는 대부분 합격하기 때문에 이후 어떤 병원에 지원할지 정해야 한다. 국시 공부가 후반기로 접어들수록 공부 때문이 아니라 어떤 병원을 지원할지 고민되어 잠을 이루지 못하였다. 한 달 동안은 불면증이 와서 밤에 잠을 설치고, 악몽도 가끔 꾸기도 했다. 모교에 남을 것인지 서울 등 더 넓은 곳으로 도전할 것인지 고민하고 또 고민하였다. 사람이 걱정과 고민이 많으면 잠을 못 잔다는 사실을 몸소 겪을 수 있었다. 공부로 인한 스트레스와 미래에 대한 걱정으로 마음이 불안한 적이 많았다.

그렇게 시간이 흘러 최종 필기시험 날이 다가왔다. 시험 장소까지 버스를 대절하여 동기들과 함께 타고 시험을 보러 갔다. 같은 고등학교 동문이신 선배 교수님께서 새벽 일찍 나오셔서 국시 응원 선물과 카드를 전해주셨다. 후배들의 응원 또한 시험장에 들어갈 때까지 생생하게 들려왔다. 그동안의 노력과 고생했던 순간들이 빠르게 스쳐 지나갔다. 크게 심호흡을 하고 이미 수천 번 공부하고 반복했던 과정을 떠올렸다. 모든 마음을 내려놓고 편안하게 시험장에 들어갔다. 공부한 만큼 시험을 무탈하게 치렀다.

"축하합니다! 2017년 제 81회 의사 시험에 응시한 박성지 님은 종합결과 합격하였습니다."라고 합격자 조회에 문구가 떴다. 의과대학 6년이라는 긴 마라톤을 완주하게 된 순간, 정말 후련했다.

지나온 의과대학 6년의 시절을 돌아보면, 나를 성장시켜준 것은 고통이고 위기였다. 지옥 같았던 고통의 시간만이 나의 그릇을 넓게 빚어주었다. 좋은 일이 있고 행복감을 느끼는 것은 그에 반대되는 나쁜 일과 불행 덕분이었다. 어두운 밤하늘이 있기에 별이 반짝이며 빛날 수 있는 것처럼. 고통을 견디는 시간 덕분에 나는 더 깊이 성장했다. 인간관계, 시험공부, 몸이 아팠던 일 등 여러 상황을 겪으면서 많은 깨달음을 얻을 수 있었다. 어느새 고통을 즐기고 있지 않았나 생각이 든다. 이 땅에 '나'라는 존재로 태어나서 '나'로서 겪은 유일무이한 경험들은 정말 값지고 소중했다.

Dream Doctor's Study Routine

- 2장 -

나는 의사, 사람입니다

01

병원형 인간으로
살게 되다

인턴 첫날의 기억은 아직도 생생하다. 의사가 되어 새로운 마음가짐으로 모교 병원에 들어섰다. 학생 때 실습을 돌았던 같은 병원이지만 다른 병원에 온 것처럼 신선한 느낌이 들었다. 인턴 근무복을 입어보니 짙은 바다색의 파란 옷이 참 마음에 들었다. '드디어 나도 의사가 되었구나.' 하는 실감이 든 순간이었다.

첫날 출근해서 인턴 1년 동안 일하게 될 순환 근무표를 정하기 위해 강당에 모였다. 인턴을 시작한 이상 잘 마무리하자고 마음을 굳게 먹었다. 모교 병원에 남았고, 동기들과 함께할 수 있어 든든한 마음이 들었다. 제비뽑기로 배정 과를 고른 후, 서로 먼저 돌고 싶은 과가 있으면 개인적으로 일정을 바꾸었다. 모든 인턴의 업무 일정이 정해진 후, 드디어 배정된 과의 업무를 시작했다. 어려운 일을 맡게 되지 않을까 걱정이 되었지만, 의사가 되고 첫 출근날이라 그래도 마음은 설렜다.

병동에서 전화가 걸려왔다. 인턴을 호출하는 콜이 시작된 것이다. 얼떨떨한 마음으로 전화를 받았다.

"선생님, OO병동인데요, OOO호 OOO환자분 엘튜브(비위관) 지금 바로 좀 넣어주세요."

"환자분 콧줄로 식사랑 약 드려야 해서 빨리 좀 와주세요."

"네, 알겠습니다. 바로 갈게요."

콜을 받자마자 뛰어서 병동으로 갔다. 나의 첫 업무는 '비위관 삽관'을 하는 것이었다. 비위관이란 코에서부터 위까지 도달하는 길이의 실리콘 호스를 말한다. 음식을 입으로 삼키기 어려운 환자에게 영양 공급을 위해 적용한다. 국가고시 실기시험을 공부하며 대략의 과정은 알고 있었지만, 실제 상황에 닥치고 보니 몹시 떨렸다. 담당 간호사 선생님은 비위관을 넣도록 준비해주셨다.

환자분에게 비위관 삽관을 하겠다고 설명하고 코에 관을 넣기 시작했다. 옆에 계시던 간병인 여사님은 이미 많은 과정을 옆에서 지켜보셨던 터라, 어설픈 나를 못마땅해하셨다. 땀을 뻘뻘 흘리면서 조심스럽게 하다 보니, 시간이 훌쩍 지나갔다. 늦지 않게 비위관 경관 식이와 약이 들어가야 하므로 어떻게든 잘 성공시켜야 했다. 환자분께서 목으로 밀어내어서 계속 입으로 튜브가 빠져나왔다. 나는 환자분 귀에 크게 외쳤다.

"환자분, 잘 삼켜주셔야지 빨리 끝나요. 꿀꺽 해보세요, 꿀꺽!"

"꿀꺽. 아이고, 힘들어요, 그만하세요."

환자분은 목으로 꿀꺽 삼켜주시기보다는 목소리로 '꿀꺽'이라고 말씀하셨다. 순간 병동 안에서는 지켜보고 있는 이들의 허탈한 웃음소리가 들렸다. 열심히 넣고 있는 인턴과 힘들게 버티시는 환자분의 상황을 다들 안쓰러워하셨다.

환자분에게 꿀꺽 삼키시라고 연신 외치며 힘차게 밀어 넣는 순간, 관이 쑥하고 들어갔다. 적당한 길이로 넣은 후 윗배에 청진기를 대어 잘 들어갔는지 확인했다. 비위관 호스에 주사기를 연결하여 살짝 공기를 주입하였다. 잘 들어갔다면 위장에서 소리를 들을 수 있다. 다행히 '꼬르륵' 하고 소리가 잘 들렸다. 그렇게 처음으로 살 떨리는 업무를 해결했다.

그렇게 시작된 인턴의 삶은 '하루살이'와 닮았다. 바쁜 업무로 하루를 불태우고 잠에 곯아떨어지면, 다음 날 하루가 어김없이 시작되었다. 하루를 무사히, 충실히 보내는 것이 내가 할 수 있는 최선이었다.

인턴이 수행하는 업무는 굉장히 많았다. 채혈부터 시작해서 비위관 넣기, 소변줄 삽관하기, 가래 흡인하기, 관장, 복수 천자, 기관절개관 교체하기, 상처 소독과 봉합, 수술 준비, 수술방 세팅, 응급실에서 환자 보고하기, 동의서 받기, 심폐소생술 가슴 압박하기, 중증 환자를 큰 병원으로 전원할 때 구급차에 상주하기 등 다양한 업무가 나를 기다리고 있었다. 의사의 업무 중 몸으로 해야 하는 일이라면 거의 다 해당하는 일이었다.

하루살이 인턴의 일과는 병원을 중심으로 돌아갔다. 새벽 6시에 병원으로 출근하는 것으로 아침은 시작되었다. 출근하자마자 급한 병동 콜이 오면, 새벽부터 열심히 뛰어다녔다. 그 후 하루 동안 해야 할 업무를 순차적으로 해나갔다. 아침 식사를 하지 않는 것이 오히려 속이 편했다. 아침에 빠르게 일을 시작하기 위해 빈속으로 하루를 시작하는 것이 좋았다. 배고플 때면 동기들과 빵, 커피를 마시며 끼니를 때웠다. 바쁘게 일과를 보내고 저녁 6시가 퇴근 시간이었다. 하지만 퇴근 직전에 응급상황이 생기거나, 새로 환자분이 입원해서 업무가 생기면 해야 할 일을 늦더라도 마무리하고 퇴근했다.

자취하는 집이 있었지만 당직실 침대에서 자는 것이 버릇이 되었다. 그래야 다음 날 아침에 5분이라도 더 잠을 잘 수 있었기 때문이었다. 야간 당직을 서는 날이면 그날은 마음을 비워야 했다. 어떤 응급상황이 생길지 아무도 모르기 때문이다. '이 또한 지나가리라.'라는 짧은 구절을 마음속으로 외치며 해탈의 마음으로 당직의 밤을 보냈다.

인턴을 하며 기억에 남는 일 중 하나는 동의서를 받는 일이었다. 환자분에게 검사나 시술에 대해 충분히 설명하고 병동에 비치된 전자 패드를 가지고 병실로 가서 간편하게 전자 동의서를 받을 수 있었다. 나는 동의서를 설명할 때가 되면 왠지 모르게 설명이 길어졌다. 보통 여러 번 업무를 하다 보면 요령이 생기서 시간이 단축되는 것이 일반적이다. 하지만 나는 동의서를 받을 때면 열정을 다해 설명했다. 점점 그 내용에 대해서 자세히 알게 되니 부연 설명이 길어지게 된 것이다. 일개의 인턴이 마치 교수님이 된 것처럼 알고 있는 한 모든 것을 설명하고 있었다. 일종의 욕심이었다. 한 동의서를 30분 넘게 설명했던 기억이 난다.

어느 날 다른 동기가 동의서를 받는 모습을 우연히 목격했다. 그 친구는 핵심만 간단히 설명하고 3분도 채 되지 않아 동의서를 뚝딱 받았다. 나는 최소 십여 분은 항상 걸렸는데, 이런 곳에서 성격이 드러나는 것이 보였다. 열심히 설명하려고 한 내가 지금 생각해도 참 기특하다. 하지만 내가 있는 자리에 맞게 인턴답게 보내는 것이 나에게 필요하지 않았나 싶다. 욕심을 내려놓고 힘을 빼고 즐겁게 그 순간을 보내는 것이 중요함을 느꼈다.

인턴 수련의 중반을 넘어서면 레지던트 희망 과를 정하여 지원해야 했다. 나는 처음 인턴을 시작하면서 가정의학과에 지원하기로 생각했었다. 하지만 인턴을 돌면서 과를 바꾸게 되었다. 최종적으로 '내과'에 지원하게 되었다. 과를 바꾼 여러 이유가 있지만, 전문성 있는 의사가 되는 것이 중요하다는 생각이 들었다. 그리고 여러 선배와 동기들과 함께할 수 있는 '내과'가 매력적으로 다가왔다. 내과 인턴을 돌면서 절대 내과를 하지 않으리라는 다짐은 어느 순간 사라져 있었다.

함께하는 동기들이 있고, 나에게는 신적인 존재와 같은 내과 교수님들이 함께라면 잘 이겨낼 수 있으리라 생각했다. 숨 가쁘게 뛰어온 인턴의 삶을 뒤로하고 내과 레지던트는 더 빠르게 더 멀리 달려야 한다는 것을 예감했다. 짧게 숨을 고르고 다시 달리기 시작했다.

레지던트의 주된 업무는 입원 환자 주치의 역할을 하는 것이다. 교수님께서 입원 환자 회진 도실 때 환자분들의 상태를 파악하고, 중요 사항을 교수님께 보고 드려야 한다. 또한 검사나 시술 시에 주치의로서 함께 상주하며 환자분들을 가까이서 챙겨야 한다. 인턴에서 레지던트가 되니 작게나마 신분 상승을 한 느낌이었다. 하지만 인턴보다 더 무거워진 책임과 역할을 감당하는 자리라는 것을 금방 깨닫게 되었다.

병원 일로 힘들 때면 선배 의사 혹은 가족들은 "젊어서 하는 고생 사서도 한다."라는 말씀을 많이 하셨다. 젊을 때 한 고생 덕분에 나이가 들어서도 이겨낼 힘이 굉장할 것이라고 덕담을 해주셨다. '나는 힘들어서 쉬고 싶은데, 내 마음을 알아주는 사람은 별로 없구나.'라고 푸념 섞인 생각을 자주 했다. 나의 마음을 알아주는 사람이 없음에 쓸쓸함을 느꼈다.

인턴과 레지던트 시절을 보내며, 나는 철저히 '병원형 인간'으로 거듭났다. 병원에서 만나는 사람들이 나에게 중요한 사람들이 되었다. 다른 친구나 가족들과 만나도 대화 소재는 병원에서 보낸 근황 이야기를 주로 나누었다. 병원에서 하루를 보내고 먹고 자는 것에 익숙하게 되었다. 갑자기 여유 시간이 생기는 날이면 무엇을 할지 몰라 안절부절못하였다. 오히려 병동 컴퓨터 앞에 앉아서 시간을 보내는 것이 마음 편한 적도 있었다. 병원에 최적화된 나는 병원 일을 무난하게 해나가는 데 큰 만족을 느꼈다. 그러나 가끔은 이런 내 모습이 무척이나 안쓰럽게 느껴질 때가 있었다.

02

나에게는
너무 벅찬 당직 근무

전공의의 주요 업무 중 하나는 야간 당직 근무이다. 밤에도 병동의 업무 콜을 받으며 담당 과나 병동의 일을 해결해나간다. 기존 재원 중인 환자분들이 상태 변화가 있다면 빠르게 조치하고 교수님께 보고를 드린다. 또한 밤이나 새벽에 응급실을 통해 입원한 환자분을 돌보고 처방을 낸다. 다음 날 정규 시술이 잡힌 환자분들에게는 시술 준비와 그에 대한 동의서를 받기도 한다. 그리고 다른 과에 입원하고 있는 환자인데 상태를 봐달라고 다른 과 당직의한테 연락이 오면 가서 봐야 한다. 심정지 환자가 발생하면 당직실에 CPR(CardioPulmonary Resuscitation, 심폐소생술) 방송이 쩌렁쩌렁 크게 울린다.

“코드블루 OO병동, 코드블루 OO병동, 코드블루 OO병동.”

CPR 방송 소리를 듣고 누구보다도 빠르게 전력질주로 뛰어간다. 여러 자잘한 업무부터 생명이 오가는 극한의 상황까지 당직 서는 의사의 근무 범위는 생각보다 넓고 깊다.

야간 당직은 병원에도 최소의 의료 인력이 남아 있는 것이다. 당직 업무가 많은 날이면 오히려 낮보다 더 치열하게 일하는 시간이었다. 정규 시간에 도움을 줄 수 있는 다른 인력들이 비어 있기 때문에 당직의의 판단과 재량도 중요했다. 일이 많으면 정규 시간보다 더 많은 일을 야간 당직에 하게 되는 날도 있었다. 그렇게 당직 근무가 주 2~3번 돌아가게 되었다. 당직이 있는 날이면 아침 6시에 출근하여 다음 날 오후 6시에 퇴근을 하게 되는 것이다.

당직 라이프를 시작하면서 나는 내가 맡은 업무를 빠르게 해결하려고 노력했다. 정말 피곤하여 곯아떨어지는 상황이 아니면 늘 깨어 있고자 했다. 당직이 계속되다 보니 늘 두 어깨에 무거운 돌덩이가 내려앉았다. 만성피로에 시달릴 뿐 아니라 잠을 깊게 자지 못하기도 하였다. 해결해야 할 업무들이 늘 생길 것을 알기에 안심할 수 없었다.

어느 날 집으로 퇴근하여 일찍 잠든 날이 이었다. 저녁 8시쯤 아파트 방송 안내음이 ‘딩동댕동’하고 울렸다. 나는 그 소리를 듣고 병원에서 심정지 발생 시 방송하는 CPR 방송인 줄 알고 소스라치게 놀라면서 깼다.

심장이 미친 듯이 두근거리고, 퇴근하여 집에서 잠을 자고 있다는 것을 뒤늦게 알아차렸다. 가슴을 쓸어내리며 다시 잠을 청했지만 잠이 쉽게 오지 않았다. 이렇게 지내다간 수명이 짧아질 것 같다는 위기감도 들었다.

내가 당직을 서면서 가장 많이 보았던 업무는 중환자실 환자를 보는 것이었다. 중환자실은 심혈관계, 호흡기계, 신경계, 신장계, 대량 출혈, 장기 부전 등의 불안정한 상태로 집중 감시 및 인공호흡기, 지속적인 투석 등 집중 치료가 필요한 환자들이 입원했다.

신장내과 중환자실에 다량의 아스피린을 복용하여 입원한 젊은 환자분이 있었다. 아스피린을 해외 직구로 대량 구입을 하여 자살 목적으로 수십 알을 복용한 환자였다. 아스피린을 과량 복용하게 되면 과호흡이 유발되어 호흡부전이 발생할 수 있다. 또한 혈액이 산성화되어 투석이 필요할 수 있어 중환자실에서 경과 관찰을 하였다. 의식은 또렷하였지만 호흡수가 분당 40회를 넘었다. 보통 일반적인 호흡수는 분당 20회 전후이다. 호흡수가 빨라지면 호흡 근육이 지쳐서 숨을 멈추게 되는 호흡부전이 발생할 수 있다. 그렇게 되기 전에 인공호흡기 치료를 빠르게 적용하여 호흡부전을 막는 것이 중요하다. 숨을 헐떡이는 환자분을 놓고 숙소에 잠을 청하러 갈 수는 없었다. 의식이 처지거나 호흡수가 오히려 약해지면 인공호흡기 삽관이 즉각적으로 이루어져야 하므로 옆을 지키기로 했다. 체내 산소 수치를 모니터링 하는 동맥혈 채혈과 환자 상태를 체크하면서 하룻밤을 꼬박 새웠다.

다행히 환자분은 인공호흡기 치료나 투석 치료를 적용할 만큼 급속도로 나빠지지 않았다. 다행히 호흡수가 천천히 정상화되었고 다른 생체징후와 검사상에 이상이 보이지 않았다. 그렇게 나는 중환자실 지킴이가 되어서 밤을 꼬박 새우는 것이 당직 생활의 루틴이 되었다. 몸과 마음은 지칠 대로 지쳤지만 마음으로는 큰 보람을 느꼈다.

다른 사람들이 나를 볼 때는 어엿한 내과의사로 성장하고 있는 모습에 칭찬과 격려를 아끼지 않았다. 하지만 누구에게도 말하지 못할 고민과 어려움은 마음 한편에 늘 자리 잡고 있었다. 멋진 내과의사로서의 삶을 살아서 행복하다는 생각을 해본 적이 많지 않았다. 출근하면 어떤 당황스러운 일이 닥칠지 불안한 마음도 있었다. 정신없이 돌아가는 업무 지옥 속에서 그저 오늘 하루도 무사히 지나가기를 기도할 뿐이었다.

내과 전공의로서 당직을 서면서 가장 힘들었던 날이 있었다. 끝없이 울리는 당직 콜에 시달리면서, 밤사이 새로 입원한 신규 환자를 20명 정도 진료하고 처방을 내었던 날이었다. 기존에 입원한 환자들을 콜을 해결하는 것도 바쁜데, 새로운 환자가 끊임없이 입원했다. 내 몸의 분신이 병동의 층마다 1명씩 배치되어 있으면 좋겠다는 생각이 들었다.

최고로 바빴던 그날은 정규 근무가 시작되는 아침 7시까지 새로 입원한 환자에 대한 처방을 입력하고 있었다. 정말 어떻게든 붙잡고 있던 마음이 흔들리는 순간이었다. 당직 근무를 하면 그래도 2~3시간 정도 잠을 잘 시간을 확보하면 성공적인 것이었다. 그러나 그날은 정말 한숨도 잠을 청하지 못한 날이었다. 아침에는 내가 속한 담당 교수님의 환자들을 파악하고 회진 준비를 해야 하는데 그럴 시간이 없었다. 꾀죄죄한 몰골을 하고 심신은 지칠 대로 지쳐 있었다. 그저 병원을 벗어나 뜨끈한 물로 가득 찬 온천탕에 몸을 담그고 쉬고 싶었다.

당직 업무를 보면서 들었던 또 하나의 생각이 있다. 당직 때 일이 너무 많다 하다 보면 일의 정확도가 떨어질 수 있다. 다음 날 아침이 밝아오면 깐깐한 동기나 선배, 교수님들한테 전화를 받기도 한다.

"OO 환자 볼 때 왜 수혈 안 한 거야? 실수한 거야, 알면서도 안 한 거야?"
"어제 입원한 급성 담낭염 환자 말이야, 제대로 본 것 맞아? 영상의학과 연락해서 PTGBD(담낭 염증을 빼주는 배액관) 넣었어야지. 너 무슨 생각으로 일하는 거야?"

수많은 질타와 지적으로 귀가 따가웠다. 나는 잘못된 것을 고쳐주고 바로잡는 것에 대해서는 정말 필요하다고 생각한다. 그렇게 해야 실수를 줄이고 더욱 크게 성장할 수 있기 때문이다. 하지만 촛농처럼 녹아 흐르고 있는 당직 다음 날 아침에는 좋은 조언으로 받아들이기 어려웠다. 또한 내가 빠뜨렸던 부분을 객관적으로 이야기해주고 정정해주기보다는, 다소 감정이 실린 지적이 대부분이었다.

힘들게 당직을 섰던 내 상황은 그들은 알 수 없기에 많은 이해를 바라는 것은 아니다. 당직 근무를 하느라 고생했다는 말 한마디 없이 불평을 쏟아내는 전화는 일종의 고문이 되기도 했다. 내가 아무리 열심히 일을 해도 구멍이 생기는 것은 어쩔 수 없다. 환자분에게 중대한 사항이 아니고 작은 일이라면 이해를 해주고 넘어갈 수도 있는 부분들이 많았다. 그렇게 다음 날 아침까지 당직의 여파가 이어지니 당직을 서는 것 자체를 좋아할 수 없었다.

노르웨이의 화가, 에드바르트 뭉크의 작품 중에 잘 알려진 〈절규〉라는 작품이 있다. 당직을 서는 날 내 모습은 종종 그림에 나오는 주인공 같은 심정이었다. 소리를 지르고 싶기도 하고 화나고 억울한 일도 자주 겪었다. 일을 많이 할수록 더 많은 일이 주어졌다. 그리고 일에 익숙해질수록 애쓰고 있는 나의 노력은 그저 당연한 것이 되어버렸다. 겉으로는 일을 잘 수행하고 있었지만 마음속으로는 숨이 가빴다. 해야 하는 일이 떠오르면 꼬리에 꼬리를 물고 떠올랐다. 일을 어떻게 빨리 해결해야 할지 방법만 생각했다. 빨리 내 할 일을 마치고 쉴 수 있는 시간을 학수고대할 뿐이었다.

그러나 막상 쉬는 시간이 생기면 어떤 일을 해야 할지 마음만 앞서서 정작 취미활동을 많이 즐기지는 못하였다. 맛있는 음식을 먹고, 가족들을 만나고 잠을 자며 휴식 시간의 대부분을 보내었다. 그렇게 잠깐의 휴식을 하면 어김없이 빠르게 병원에서의 삶이 펼쳐졌다. 그래도 버티게 했던 나의 생각은, '전공의가 끝나면 그래도 나아질 거야.'였다. 이 가냘픈 희망 하나를 가지고, 젊음의 패기로 넘어져도 다시 일어섰다. 당직은 나에게 참 벅찬 일정이었다. 그동안 수많은 당직의 밤을 보내었던 나에게 참 수고했다고 이야기해주었다.

"잘했다. 성지야, 당직 서느라 정말 수고했다. 너는 정말 훌륭하게 모든 일을 해냈어."

03

환타에게도 자존심은 있다

병원에서 일하다 보면 '환타'라는 표현을 듣게 된다. 이 말은 '환자를 많이 탄다'의 줄임말이다. 유독 환자를 많이 보고, 어려운 진료 상황을 자주 겪는 의료인들을 지칭하는 말이다. 받아들이고 싶진 않지만, 나는 모두가 인정하는 '환타'였다. 나와 함께 당직을 서는 사람들은, 오늘 밤 잠은 다 잤다며 푸념을 늘어놓기 일쑤였다. 다른 동기들은 잘 겪지 않는 상황을 일상적으로 겪다 보니 내가 참 일복이 많은 사람이라는 것을 깨닫게 되었다.

환타의 삶은 경험해보지 않은 사람들은 알 수 없을 것이다. 정규 근무 시간에도, 당직 때도 기대를 저버리지 않고 다이내믹한 상황들이 많이 펼쳐진다. 나는 다양한 환자를 경험할 수 있다고 애써 나를 위로하며 하루하루 밀려들어오는 업무들을 해결하고자 최선을 다했다.

인턴을 마치고 레지던트 갓 1년 차 때의 일이다. 소화기내과 주치의를 처음 맡게 되었는데, 중환자실에 새로 입원한 환자분이 입원하자마자 심정지가 온 것이었다. 아주 다급하게 담당 간호사 선생님이 소리쳤다.

"선생님, 환자분 심정지 왔어요."
"제가 CPR(심폐소생술) 할 테니, 어서 코드블루 방송해주세요!"

병력 조사도 제대로 못 한 채 심폐소생술을 해야 했고, 보호자와 급하게 면담한 후 처방을 냈다. 그러곤 환자분 옆을 계속 지켰다. 그 순간에는 다른 생각이 들지 않았다. 그저 맥박이 다시 뛰기만을 초조하게 빌고 또 빌 뿐이었다. 모든 주요 인력이 모여 응급처치를 시행하고 최선을 다했지만, 결국 환자분은 사망하셨다.

처음에는 이런 상황을 받아들이기가 쉽지 않았다. 레지던트 1년 차 새내기에게는 버거운 상황이었다. 생과 사의 갈림길에 놓여 있는 환자를 위해 할 수 있는 것이 생각보다 많지 않게 느껴졌다. 함께한 동료들은 놀란 나를 진심으로 위로해주었지만, 치열한 환타의 삶은 그렇게 시작된 것이었다.

병원에서의 상황을 겪어낼수록, 그러한 일상에 담담해지는 한편, 내 의식 깊은 곳에서는 뭔가 모를 서러움이 꿈틀대고 있었다. 환타라는 주홍글씨가 때때로 억울하기도 하고, 왜 나한테 이런 시련이 주어지는지 원망스럽기까지 했다. 몸과 마음이 지칠수록 약한 생각을 하게 되는 듯하다.

솔직히 말하자면, 환타는 대부분 함께 일하는 사람들의 기피 대상이다. 문제 상황이 계속 쏟아지고, 할 일이 많아지고, 늦게 퇴근할 가능성이 높아지기 때문이다. 사람이 아무리 좋아도, 반복되는 힘든 상황에서는 인간적인 정이 통하지 않을 때가 많았다. 때로는 날카로운 대화와 온 세상이 꺼질 듯한 한숨이 오갔다.

어김없이 당직으로서 밤을 홀딱 새운 날. 뜬눈으로 하루를 꼴딱 샌 나는 몹시 지쳐 있었다. 의식은 멍하고, 몸은 공중에 붕붕 떠다니는 기분이었다. 다른 동기들은 당직 때 별일 없이 잠도 푹 잘 잤다고 하던데, 왜 나는 잠을 잔 날이 손에 꼽을 정도일까.

당직실로 돌아오니, 함께 당직을 섰던 선배가 시원한 초코우유를 책상에 사다 놓으셨다. 그 옆에는 "수고했어."라는 짧은 메모가 놓여 있었다. 별것 아닌 것 같지만, 정말 그 순간 울컥하는 마음이 들어, 사진으로 찍어두었다. 지금도 힘들 때면 그때의 기억을 떠올리며 사진을 들춰보곤 한다. 일을 마무리하고 시원하게 들이켰던 초코우유를 아직도 잊을 수가 없다. 고생스러운 삶의 현장을 위로하는 것은 거창한 돈이나 보상이 아니었다. 마음이 전부였다.

나는 성격이 유하고, 감정 기복이 있는 편이다. 벅찬 상황으로 인해 감정이 폭발할 때는 30분이고, 1시간이고 화장실에서 숨죽여 울기도 했다. 당시, 친한 동기가 나의 휴대전화를 가지고 가서 업무 콜을 1시간 받아주며 대신 일해주기도 했었다. 동기의 도움이 없었다면 일을 지속하기 힘들었을 것이다. 매일 아침 두려움 속에 눈을 뜨면 기도부터 하는 게 버릇이 되었다.

"하나님, 나에게 제발 힘을 주세요. 오늘 하루 제발 무사히 지나가도록 도와주세요. 꼭이요."

여느 때처럼 야간 당직을 서던 중, 심장내과 심근경색 응급 시술 건이 생겼으니 시술실로 오라는 콜을 받았다. 여러 상황을 대비해야 하므로 전공의는 시술하시는 교수님 곁에 꼭 상주해야 한다. 야간에 응급 시술이 생기는 날이면 내가 부스스한 차림으로 자주 서 있다 보니, 시술에 참여하는 다른 팀원들과 이렇게 우스갯소리를 하곤 했다.

"또 선생님이 오셨네요. 하하하…."

"그러게요. 참 귀신이 곡할 노릇이에요."

이렇게 멋쩍은 대화가 오가고 나면, 왠지 모를 속상한 감정들이 내 가슴에 소용돌이쳤다. 응급환자가 오는 것이 내 탓인가 싶으면서도 정말 환자분들을 끌어당기는 신비한 기운이 나한테서 흘러나오는 건지 갸우뚱하게 된 것이다. 시술 끝나고 숙소로 돌아오며 나는 쓴웃음을 지었다.

고기를 먹으러 식당에 가면, 환타라는 음료수가 있다. 환타가 유명세를 타던 시절에는, 나에게는 금기의 음료수였다. 환타를 마시면 환타의 기운이 몰려드는 것 같아서, 절대 환타는 입에 대지 않았다. 이런 미신을 믿는다는 것이 웃기기도 하지만, 당시 맛있는 고기를 먹을 때만큼은 환타라는 단어를 잊어버리고 싶었는지도 모르겠다.

힘든 상황을 조금은 피하고 싶고, 할 수 있다면 편하게 일하고 싶다는 생각은 인간의 자연스러운 욕구다. 몸도 마음도 일에 치이다 보면, 쉬고 싶은 마음이 드는 것은 지극히 당연한 일이다. 나도 느긋하고 편하게 일하고 싶었지만 그렇지 못한 현실에 처음에는 불평을 많이 했었다. 누구를 만나든지 내가 세상에서 제일 힘든 사람이라는 식으로 투덜대었다. 하지만 불평불만을 백날 해봤자 얻는 이익은 아무것도 없었다. 오히려 불평은 불평을 낳고, 그저 도망가고 싶다는 결론에 다다를 뿐이었다.

아무리 하나님께 힘든 일을 없애 달라고 기도해도, 힘든 일들은 꼬리에 꼬리를 물었다. 그렇게 두려움에 떨며 기도하던 어느 날, 다른 내용의 기도를 드리고 있는 내 모습을 발견했다.

"하나님, 힘든 일을 힘든 일로 보지 않는, 감당할 능력과 용기를 주세요."

그렇게 나는 조금씩 강해지고 있었다.

'고진감래'라는 사자성어를 들어본 적이 있을 것이다. 쓴 것이 다하면 단 것이 온다는 의미로, 고생 끝에 낙이 오는 것을 뜻하는 말이다. 이 말의 뜻처럼, 고생으로 쌓아 올린 실전 경험과 단단해진 마음을 갖추게 되니, 빠른 일 처리 능력으로 여유로움을 얻을 수 있었다. 나는 나의 실수와 약한 모습들을 인정하고, 있는 그대로의 나의 모습을 힘껏 안아주었다. 누가 나에 대해 뭐라고 하든지 더는 신경 쓰지 않았다. 환타로서의 자존심은 무너지기는커녕, 자연스럽게 더 넓은 마음으로 성장했다.

사람들은 살면서 가끔씩, 주변의 사람들의 말로 내가 정의되어지는 경험을 하게 된다. 나의 부모님, 친척, 친구, 직장 상사, 동료 등 많은 사람들이 나에 대해 평가를 내린다. 그게 호평이든, 혹평이든 나의 일부가 되어버린다. 하지만 그들이 내 모습의 일면을 보고 내린 결론이 전부일까? 그렇지 않다. 나의 모습은 내가 결정해야 한다. 다른 사람에게 휩쓸리기 시작하는 순간, 나의 삶은 그들의 원대로 흘러가게 된다. 그러니 힘든 삶의 상황에 굴복하지 않고 내가 하는 일에 대한 자부심과 품위를 유지하며 살아가야 한다. 그렇게 될 때, 비로소 당당한 나 자신이 되는 것이다.

04

코드블루,
첫 심폐소생술

대학병원을 방문해보면 코드블루(Code Blue) 방송을 들어본 적이 있을 것이다. 코드블루는 심정지 환자 발생 시 의료진이 빠르게 모이도록 하는 응급코드이다. 다른 말로 CPR(CardioPulmonary Resuscitation, 심폐소생술) 방송이라고도 한다. 병원에서는 색깔별로 응급코드를 정하여 응급상황에 대응한다. 코드블루 방송이 울리면 심폐소생술 팀이 움직인다.

내가 속한 병원에서는 내과 전공들이 심폐소생술을 이끌었다. 심정지 환자의 가슴 압박은 인턴들이 직접 했다. 2분 동안 시간을 재며 가슴 압박을 하고 다음 사람이 돌아가며 하게 된다. 주기적으로 심장박동이 돌아왔는데 맥박을 체크하고, 전기충격이 필요하면 심전도 리듬을 보고 시행한다. 인턴 1년을 돌면서 수많은 환자들의 가슴 압박을 해왔다. 심폐소생술 교육을 받은 대로 열심히 심장이 다시 뛰기를 바라는 마음으로 압박을 한다. 30분 이상 지나도 맥박이 돌아오지 않으면, 의학적으로 임종하신 것으로 판단하게 된다.

인턴일 때는 심정지 상황이 급한 상황인 것은 알았지만, 담당 주치의만큼 마음이 무겁지는 않았다. 내가 해야 할 가슴 압박을 열심히 하면 되었다. 하지만 레지던트가 되어 입원 환자분들을 보면서 심정지 상황을 맞이하니 정말 내가 가슴이 철렁 내려앉는 기분이었다.

나는 내과 레지던트 1년 차 3월에, 소화기내과의 간(liver) 파트와 하부위장관 파트를 처음으로 돌게 되었다. A형 간염, 장염 등 경증 질환부터 알코올성 간경화 환자, 간암, 대장암 환자들에 이르기까지 다양한 질환의 환자들을 볼 수 있었다. 또한 소화기내과는 응급 시술이 많은 과 중의 하나였다. 재원 중인 환자 혹은 응급실에 위장관 출혈로 내시경 지혈 치료가 필요한 환자가 생기면, 응급 시술에 들어가는 일이 많았다. 내과였지만 수술하는 외과처럼 느껴졌다. 소화기내과라는 과를 다시 보는 계기였다. 외래진료로도 무척 바쁜 와중, 응급시술을 위해 달려오시는 교수님들이 정말 대단한 존재였음을 새삼 느꼈다.

소화기내과 병동으로 자주 입원과 퇴원을 반복하던 환자분이었다. 말기 알코올성 간경화로 전신 장기 기능이 좋지 않으신 분이었다. 배가 많이 불러 복수를 빼기도 했고, 폐를 감싸고 있는 늑막에도 물이 차서 오랫동안 폐에 배액관을 꽂고 있었던 분이었다. 환자분은 40대 초반의 젊은 여성분이었다. 환자분의 병색이 깊어 나이가 10년 이상 더 들어 보였다.

환자분 상태에 대해서 유일한 보호자였던 환자의 언니와 자주 면담을 했던 기억이 있다. 그녀는 동생에 대한 애정으로 마음을 다해 간병하고 돌보셨다. 조금이라도 좋아질 것을 기대하고 있었지만, 말기 상태의 간경화도 말기 암처럼 합병증으로 돌아가실 수 있어 희망적인 말씀을 많이 해드릴 수 없었다. 그렇게 보존적인 치료를 유지하며 환자분 경과를 지켜보고 있었다. 어느 날 똑같이 울려대던 전화기 너머로 다급하게 병동에서 전화가 왔다.

"선생님, 여기 OO병동인데요, OO 환자분 토혈하셨어요!"
"지금 바이탈은 어떤가요?"
"혈압은 괜찮으신데, 맥박이 120회 정도 나오세요. 의식도 있으세요."
"지금 바로 응급내시경 교수님께 상의 드릴게요. 보호자분께 얼른 오시라고 연락해주세요!"

환자분 상태를 확인하고자 빠르게 병동으로 올라갔다. 간경화의 합병증 중 하나로, 식도나 위에 정맥류가 생기는데, 아마도 거기에서 출혈이 나고 있는 듯하였다. 일반 병동에 계셨던 분이라 처치실 공간으로 이동을 했다. 환자분은 속이 다소 울렁거린다고 말씀하셨다. 토혈을 내가 보는 앞에서 한 차례 더 하셨다. 내 눈앞에서 환자분이 토혈하는 모습을 처음 본 순간이었다. 한껏 긴장한 채로 수혈과 수액 처방을 내놓고, 교수님께 급하게 연락을 드렸다. 내시경실에도 연락하여 응급환자가 발생하였다는 것을 일러두고, 중환자실에 연락하여 전실할 환자가 생겼다고 전했다. 초조하게 내시경 내려갈 것을 기다리고 보호자와 면담하였다.

"환자분 토혈을 많이 하셔서, 내시경으로 지혈술을 받으셔야 합니다. 지혈이 안 되고 출혈량이 많으면 더 위중해지실 수도 있습니다."

"네, 선생님, 안 좋아질 것은 알고 있었는데 너무 갑작스럽네요. 잘 좀 부탁드려요."

"네, 보호자분. 상태 변화 있으시면 다시 말씀드릴게요."

내시경실에서 연락이 오는 것을 기다리는 중이었다. 환자분의 의식을 계속 확인하고 있었는데 어느 순간 의식이 사라졌다. 순간 나는 빠르게 사타구니 쪽의 맥박을 짚어보았다. 맥박이 촉지되지 않았다. 심정지 상황이었다. '내가 보는 환자분이 심정지가 오다니….' 심장이 쿵 하고 떨어지는 느낌이었다. 시간이 오래 지연된 것도 아니었는데 갑작스러운 상황이 일어나버렸다. 심정지 상황으로 코드블루 방송을 하고 심폐소생술 팀이 도착하였다. 빠르게 내과 동기들과 선배들이 와주었다.

"환자분 어떤 상태였니?"

"너는 일단 얼른 교수님께 연락드리고, 보호자분 면담해."

선배들과 동기들이 환자분의 심폐소생술의 응급처치를 맡아주었다. 출혈이 지속적으로 입안에서 올라와 인공호흡기 삽관도 쉽지 않았다. 담당 환자의 첫 심폐소생술을 겪어 정신이 혼미했다. 교수님께 현재 상황을 보고 드렸더니 급하게라도 식도에 지혈할 수 있는 관을 넣어보는 것이 어떻겠냐고 하셨다. SB 튜브(Sengstaken–Blakemore Tube)라고 해서 풍선처럼 부풀어 오르는 관이 있다. 내시경을 못 하는 상황에 식도로 관을 넣고 공기를 주입하여 부풀면 출혈 지점을 압박하여 지혈하도록 하는 방법이었다.

다른 병동에서 SB 튜브를 찾아서 빠르게 구해오고 경험 있는 선배들이 튜브 삽관을 시도해보았지만 심폐소생술 중이라 잘 진입할 수 없었다. 30분이 지나도 환자분의 맥박은 돌아오지 않았다. 옆에서 소리 없이 울고 있는 보호자에게 말씀드렸다.

"환자분께서 출혈로 인해서 쇼크가 왔는데, 진행이 너무 빨랐어요. 30분이 지나도 맥박이 돌아오지 않으셔서 의학적으로 임종하신 것으로 봅니다."

"네…. 멈춰주세요…."

동생의 죽음을 예상이라도 한 듯 그녀는 모든 상황을 받아들였다. 나의 첫 심폐소생술은 그렇게 종결되었다. 그 이후 여러 출혈 상황을 마주할 때마다 누구보다도 빠르게 대처하려고 노력했다. 빠르게 심정지로 이어질 수 있다는 것을 몸소 겪고 많은 것을 배웠다. 앞으로 수많은 응급상황들이 펼쳐질 텐데 마음을 굳게 먹고 잘 이겨낼 것을 나 자신과 약속했다. 의사로서 내가 할 수 있는 일을 잘 해내었다고 마음을 다독였다. 불과 몇 시간 전에도 이야기를 나누었던 환자분이 눈앞에서 빠르게 임종하는 모습을 보고 많은 생각이 들었다.

내과 레지던트가 되어 겪었던 첫 심폐소생술은 잊을 수가 없다. 그 장면들과 나누었던 대화들이 생생하게 기억난다. 그때 상황을 생각하면 모든 감정들이 복합되어 다 올라왔다. 두려움과 용기가 함께하는 아이러니한 상황이었다. 그렇게 하다 보니 입원한 환자분들의 상태 변화에 민감해지게 되었다. 여러 번 환자분들을 보러 가게 되었고, 작은 변화에 대해서 꼭 확인하는 습관이 들었다. 새로운 응급 상황을 맞이하며 당황하긴

했지만 빠르게 의사결정을 하고 대처하는 힘을 키워나갔다. 모두가 두려워하는 상황에서 마음의 중심을 지키는 일은 쉽지 않았지만, 그렇게 나는 용기 있는 내과의사로 성장하고 있었다.

05

병원 생활의 유일한 버팀목, 나의 동기들

'동기 사랑'이란 말은 의과대학에 들어오면 가장 많이 듣게 되는 말 중 하나이다. 예과 1학년부터 의사로서 삶을 사는 동안, 동기들이 최고의 페이스메이커가 되어준다. 동기는 바쁜 일상의 대부분을 함께 보내고, 힘든 순간과 위기를 공유하는 존재이다. 최소 6년에서 10년 정도의 시간 동안 가족보다 더 많은 시간을 보내게 된다. 그렇게 의사에게 있어서 미우나 고우나 '동기 사랑'이 최고의 덕목 중 하나이다. 학생 때 서로 돕는 문화가 잘되어 있으면, 병원에 입사하여 의사가 되었을 때 더욱 빛을 발하게 된다.

인턴 과정은 의사로서의 첫 시작이자, 앞으로 어떤 과 레지던트를 지원할지 고민하는 시기이다. 나는 외과 계열보다는 내과 계열이 맞겠다고 생각했다. 하지만 정확히 어떤 과를 가고 싶다는 생각은 딱히 없었다. 인턴 1년 동안 몸과 마음이 고되었기에 인턴을 마치고 1년은 쉬고 싶다는 생각을 제일 많이 했다. 하지만 이어서 레지던트를 하지 않으면 나중에 더 힘들 수도 있다는 주변의 말을 들었다. 또한 동기들과 함께 수련받는 게 좋겠다는 생각에 레지던트에 지원하기로 했다.

나는 수많은 분과 중 내과에 지원했다. 내과 수련 과정은 가장 힘들기로 유명했다. 나는 인턴일 때 절대 내과만큼은 하지 말아야지 생각한 적이 있었다. 입원 환자의 반 이상이 내과 환자이고, 중증 환자들이 많아 수련 과정이 특히 힘들다. 그러나 내가 내과에 지원하게 된 결정적인 계기는 함께할 수 있는 좋은 동기들이 있었기 때문이었다.

함께 지원한 인턴 동기 6명과 내과 교수님들께 인사드리는 자리가 마련되었다. 각자 자기소개와 포부를 발표했다. 그리고 신입 1년 차들의 장기자랑 시간이 이어졌다. 우리는 각자의 인턴 생활과 내과 지원 스토리를 내용으로 개사하여 노래를 불렀다. 귀엽지만 다소 부담스러울 수 있는 율동은 덤이었다. 레지던트 선배들과 교수님들은 흐뭇해하시며 입국을 축하해주셨다. 내과 수련을 앞두고 설렘보다 걱정이 더 컸지만, '어떻게든 내과의사는 되어 있겠지.'라고 생각하며 미래의 나에게 책임을 넘겼다.

내과 수련을 거치며 많은 우여곡절을 겪었다. 도움이 필요한 상황에는 동기들이 가장 먼저 달려와주고 힘든 일을 덜어주었다. 절박한 상황에서 든든한 지원군이 되어 나의 위태로웠던 순간을 잘 이겨내도록 도와주었다.

하지만 힘든 일이 자주 반복되니 쉽게 나가떨어지고 심신이 지쳐버렸다. 그러면서 수련을 포기하고 싶은 생각이 때때로 들었다. 하지만 내가 그만두면 남은 동기들이 고생스러워질 것이 분명했다. 나를 많이 도와준 동기들에게 피해를 주고 싶지 않아 마음을 여러 번 다그쳤다.

나는 인턴, 레지던트 과정을 거치며 '인간관계'에 대해서 새로운 관점이 생겼다. 나는 성격이 조용하고, 소수의 친구와 친밀하게 지내왔다. 하지만 사회생활을 시작하니 다양한 인간관계를 맺게 되었다. 의사로서 겪게 되는 관계들은 모두 새로웠다. 환자, 보호자, 다양한 부서의 직원들, 교수님, 그리고 의사로서 함께하는 동기들. 기존에 그들에 대한 고정관념이 깨지는 순간들이 참 많았다. 친해질 수 없다고 생각했던 사람에게 큰 관심이나 도움을 받게 되고, 친하다고 생각했던 사람이 실망을 주기도 했다. 굳게 믿고 있던 사람에 대한 신뢰가 하루아침에 깨지는 일도 종종 있었다. 이렇게 병원에서 겪은 인간관계를 통해, 나의 작은 세계가 무너지고 더 큰 나로 성장하게 되었다.

나의 가장 친한 동기 이야기이다. 의과대학에 입학하고 1학년 때부터 함께 다녔던 친구였다. 내가 좋아했던 가수 '동방신기'에 대한 관심사가 통하여 친해지게 되었다. 그 친구와 대화를 하다 보면 시간이 가는 줄 몰랐다. 힘든 의과대학 생활에 큰 의지가 되는 좋은 친구였다. 친구는 나와 잘 맞는 부분도 많았지만 몇몇 성향은 나와 정반대였다. 적극적이고 많은 사람들과 친하게 지내며, 성격이 매우 밝았다. 우리는 서로의 부족한 점을 채워주며 20대를 같이 보내게 되었다. 또한 의사 국가고시에 합격한 후, 같은 병원에 입사하였고 내과 레지던트로 같은 길을 걸어가게 되었다. 주변의 다른 동기들은 우리 둘의 관계를 부러워하기도 했다. 서로 잘 지내고 챙겨주는 모습을 보고 보기 좋다고 이야기하였다.

나의 절친은 병원 업무에 있어서 가장 많은 도움을 주었다. 나 또한 친구에게 도움이 되고자 늘 노력했다. 하지만 레지던트를 하면서 이렇게 친한 친구 사이에서도 마찰은 피할 수 없었다. 가장 기억에 남는 일화가 있다. 친구가 야간 당직을 선 어느 날이었다. 친구가 많은 업무량으로 잠이 들었고, 내가 주치의로 봤던 암 환자분이 새벽에 주사 진통제를 요청했다. 하지만 친구가 병동 콜을 금방 받지 못해서 진통제 투여가 다소 늦어지게 되었다.

다음 날 아침 6시부터 나의 전화기에 불이 났다. 어떤 급한 상황인지 두근거리는 마음으로 전화를 받았는데, 환자분이 크게 화가 나서 주치의를 부르고 있다는 것이었다. 아침에 부랴부랴 출근해서 환자를 면담했는데, 온갖 컴플레인을 들어야 했다. 내가 잘못한 것도 아닌데, 아침부터 분노의 고함을 들어야 하는지 속상했다. 친구는 나에게 미안하다고 했지만, 친구에게 크게 화를 내었다. 힘들게 야간 당직을 섰을 친구를 이해하지 못하고, 감정에 휩싸여 상처가 되는 말도 했다. 지금 돌아보면 감정조절을 못하고 이성을 잃었던 것 같다. 얼마쯤 시간이 지난 후, 친구에게 사과하며 내가 더 미안했다고 마음을 전했다. 그때의 일은 크게 반성하는 계기가 되었다. 소중한 사람은 더욱 소중하게 대해야겠다는 깨달음을 얻었다. 가장 친한 친구를 잃을 수도 있었던 사건이었다.

나에게는 쌍둥이 동생이 있다. 어릴 때부터 동생은 누구보다도 나의 가장 친한 소울메이트였다. 어떤 친구들도 우리 둘 사이는 갈라놓을 순 없었다. 마음이 잘 맞았기에 늘 함께하며 모든 것을 공유했다. 성장하면서 동생과 보내는 시간이 줄고, 다른 친구들을 많이 사귀게 되었다. 그러면서 '친구'란 어떤 존재인가 많은 생각이 들었다. 함께하면 즐겁고 소중한 친구들은 때로는 나에게 가슴 아픈 상처를 주기도 했다. 애증의 관계에 염증이 생길 때면 점점 친구와 거리가 멀어지기도 했다.

고민한 끝에 내가 내린 결론은 "친구는 그저 친구일 뿐이다."였다. 가까워지고자 한다면 서로의 가시에 찔려 아프고, 멀리하고자 한다면 외로워졌다. 지속적인 관계를 유지하고자 한다면 적절한 거리를 유지하는 것이 중요함을 깨달았다. 서로에 대한 진실한 마음은 통하기 마련이니까. 친구뿐 아니라 모든 인간관계에서 적용할 수 있는 진리라고 생각한다.

그렇게 나의 절친과 동기들은 병원 생활의 버팀목이 되어주었고, 나라는 인간이 성숙하도록 큰 도움을 주었다.

이정하 시인의 「고슴도치 사랑」이라는 시가 있다. 이 시를 빌어 나의 마음을 담아 동기들에게 전해본다.

「고슴도치 사랑」

…

추운 겨울날,

고슴도치 두 마리가 서로 사랑했네.

추위에 떠는 상대를 보다 못해

자신의 온기만이라도 전해주려던 그들은

가까이 다가가면 갈수록 상처만 생긴다는 것을 알았네.

안고 싶어도 안지 못했던 그들은

멀지도 않고 자신들의 몸에 난 가시에 다치지도 않을

적당한 거리에 함께 서 있었네.

비록 자신의 온기를 다 줄 수 없었어도

그들은 서로 행복했네.

행복할 수 있었네.

06

인턴은 항상 배고프다

인턴 때를 돌아보면 유독 배고팠던 기억이 많았다. 맛있는 음식을 먹는 것을 유독 좋아하는 나는, 어릴 때부터 먹는 모습이 복스럽다는 이야기를 자주 들었다. 나랑 함께 먹으면 식욕이 더 올라간다고 하던 친구도 있었다. 먹는 것에 진심이었던 내가 인턴 생활을 시작하니 식사가 매우 불규칙했다. 아침에 일어나기도 버거운 터라 아침을 간단히 두유를 먹는 것으로 대신하였다.

새벽 6시에 출근하고 일을 부랴부랴 시작하면 오전 9시부터 배가 고파지기 시작했다. 대략 9시에서 10시 사이에 시간이 되면 빵과 커피를 사서 끼니를 때웠다. 그리고 병원 식당이 여는 11시 30분부터 점심을 먹으러

갔다. 특별한 업무 콜이 없으면 점심을 먹을 수 있었다. 하지만 업무 콜이 많으면 가끔 점심을 놓쳐서 아침부터 저녁 먹기 전까지 빈속으로 보내기도 하였다. 그렇게 하다 보니 먹을 수 있는 시간이 되면 무엇이든 먹어둬야겠다는 강박관념이 생겼다.

식사를 제때 먹지 못하다 보니, 군것질을 많이 하게 되었다. 과자나 젤리, 사탕 등 당 충전을 할 수 있는 음식을 자주 사 먹었다. 순간 배고픔을 채워주기는 했지만 어머니가 차려주시는 갓 지은 맛있는 집밥이 늘 생각났다. 일을 마치고 집에 돌아오면 직접 요리를 해서 먹어보려고 했지만 그럴 기운과 의지는 없었다. 그래서 어머니께서는 종종 완성된 밥과 반찬을 간단하게 먹을 수 있도록 싸주셨다. 병원 숙소에서 자주 잠을 청하다 보니 집에 못 가서 어머니의 음식을 못 먹기도 했다. 식사를 제때 못 먹으면 다음 식사 때 더 많이 먹게 되었다. 그렇게 되면 스트레스와 배고픔이 중첩되어 저녁에 폭식할 확률이 올라간다. 그 이후는 소화되기도 전에 졸음이 쏟아져버린다. 그렇게 먹는 날이 반복되다 보니 건강에 적신호가 올 수 있어 주의가 필요하다.

당직을 서는 날이면 새로운 단체 카카오톡 대화방이 열린다. 당직자들이 먹을 음식을 배달시키기 위해 먹고 싶은 음식을 물어보는 문자가 올라온다. 족발, 보쌈, 피자, 치킨, 짜글이 찌개 등등 먹고 싶은 메뉴들이 하나둘씩 올라온다. 누군가는 물린다고 하는 배달 음식이었지만, 원 없이 맛있게 시켜 먹었다. 함께 당직을 서는 선후배, 동기들과 먹는 야식은 꿀맛이었다. 또한 하룻밤 당직을 잘 서기 위해서는 배를 든든히 채워두어야 했다. 당직이 시작되고 저녁밥 먹는 시간을 놓치게 되면 하루 종일 제대로 식사를 못 한 적도 있었다. 이렇게 제대로 못 먹는 날이면 서러워서 눈물도 나기도 했다. '다 밥 먹고 살자고 하는 일인데….'라는 생각과 함께 한숨이 푹 나왔다. 밥을 굶고 일하는 것은 나에게는 정말 서러운 일 중 하나였다.

우리 병원의 인턴 과정은 한 달 간격으로 과를 순환하는 근무 형태였다. 순환 근무를 돌게 되면 해당 과의 회식에도 인턴들을 꼭 불러주신다. 열심히 우리 과의 일을 해주어 고맙다는 의미로 대개 맛있는 음식을 사주신다. 또한 해당 과에 지원을 한 인턴은 더 자주 회식에 가서 얼굴을 비추며 인사를 드리기도 한다. 과의 회식 때는 주로 삼겹살을 먹었다. 기회가 좋으면 소고기를 먹으러 가는 날이 가끔 있었다. 소고기를 배부르게 먹을 수 있었기 때문에 감사한 마음으로, 열심히 일한 만큼 맛있게 먹었다. 수고한 나에게 주는 보상이라고 생각하면 기분 좋게 먹을 수 있었다. 노곤했던 몸과 마음이 맛있는 소고기를 먹으며 힐링을 받았다.

인턴이 되어 월급을 받게 되면서 가고 싶었던 맛집을 편하게 갈 수 있었다. 학생 때는 용돈을 아껴서 써야 했기에 먹고 싶은 음식을 마음껏 먹지는 못했다. 우리 집은 형편이 좋지 못해서, 용돈을 넉넉하게 주시지는 못했다. 의과대학 생활을 하니 책값이며 동아리 회비 등 돈이 들어가는 데가 많았다. 늘 용돈이 부족하다 보니 함께 자취했던 동생이 나에게 용돈을 다 준 적도 있었다. 동생이 본인보다 돈이 늘 필요하니 나에게 양보를 하기도 하였다. 참 고마운 마음에 앞으로 동생을 잘 챙겨주어야겠다고 마음속으로 다짐했다. 그렇게 돈 쓰는 것에 부족함을 늘 느끼다가, 직장인이 되어 월급이 들어오니 참 행복했다. 가족들께 용돈도 조금씩 드려보고 내가 사고 싶은 것을 월급 내에서 살 수 있어서 기분이 좋았다.

인턴 때 일주일 해외여행으로 휴가를 다녀온 적이 있었다. 러시아의 블라디보스토크로 동생과 함께 다녀왔다. 당시 한국에서 가장 가까운 유럽이라는 수식어가 붙으며 블라디보스토크로 많은 한국인들이 여행길에 올랐다. 나는 해외여행을 많이 가보지 못하여서 몹시 흥분되고 기대되었다. 가서 맛있게 먹었던 킹크랩을 아직도 잊을 수 없다. 한국에서 먹은 대게보다 험상궂게 생겼지만, 시원한 러시아 맥주와 함께 즐길 수 있었다. 한국인들이 많이 방문하여 유명하다고 하는 맛집이 많이 알려져 있어 쉽게 찾아갔다. 스테이크, 수제 버거 등 맛집 탐방을 하며 즐거운 추억을 쌓을 수 있었다.

그렇게 바쁜 병원 일상이지만 소소한 여행과 맛있는 음식을 먹으며 휴식 시간을 가졌다. 직장인이 되면서 돈을 저축하는 것도 중요하지만, 나는 나 자신에게 보상을 주고 싶었다. 다이어트를 하는 어떤 이들이 이렇게 말한다.

"저는 맛있는 음식을 배불리 먹기 위해 다이어트를 해요."

처음 들었을 때는 어리석은 말이라고 생각할 수 있다. 하지만 나는 이렇게 생각하는 것도 나쁘지 않다고 생각한다. 나 자신에게 좋은 음식으로 스스로 대접해주는 것은 나 자신을 존중한다는 의미이다. 지나친 폭식이나 사치를 경계하고 지혜롭게 돈을 쓰는 범위에서 나에게 가장 좋은 것을 주어야 한다. 그래야 다른 사람에게도 좋은 것을 베풀 수 있는 여유가 생긴다.

의대 6년 동안 공부와의 싸움이었다면 인턴부터 시작된 전공의의 삶은 업무 콜과의 싸움이 시작된 것이다. 그러면서 인간의 본능 중 하나인 '식욕'과 싸우는 원초적인 시간을 보내기도 한다. 먹는 것에 그렇게 흥미가 없는 사람들은 그다지 공감하지 못할 수도 있다. 하지만 본능적인 한계를 경험한다는 의미에서는 모두들 고개를 끄덕이지 않을까 싶다.

"젊은 시절로 돌아갈 수 있다면, 인턴 시절로 돌아가시겠나요?"

의사들에게 이런 질문을 해보면 대부분 “No.”라고 말할 것이다. 인턴은 두 번 다시는 돌고 싶지 않은 과정이라고 생각하는 사람들이 많을 것이다. 그만큼 자존심도 상하고, 일과 사람에 치여 너덜너덜해질 수 있는 시기이다. 앞으로 전문성 있는 의사가 되기 위해 모든 의사들이 바닥부터 배움을 시작한다.

인턴의 삶을 살면서 늘 배고팠다. 일에 치여 몸도 마음 모두 배가 고팠다. 인턴을 돌면서 거르지 않고 잘 먹으려고 하였지만, 오히려 몸무게는 5kg 정도 빠졌다. 여러 업무 스트레스를 받다 보니 살이 찌지 않는 신비로운 경험을 했다. 먹는 양보다 움직이는 것이 더 많았지 않았나 생각이 든다. 그러다 보니 늘 배고플 수밖에 없었나 싶기도 하다. 바쁘면 바쁠수록 몸과 마음에 연료를 잘 챙겨주어야 한다는 것을 절실하게 배우는 시간이었다.

사람은 배가 든든해야 어떤 일에든 집중할 수 있다. 밥을 먹지 않고 제대로 기운을 낼 수가 없다. 배고프지 않도록 무엇인가를 먹어두고자 무의식적으로 했던 내 모습을 돌아본다. 힘든 일이지만 힘을 내고 즐겁게 하기 위함이 아니었나 생각한다. 건강한 음식을 잘 차려 먹지는 못하였지만 나 자신을 위해 바쁜 와중에 내가 할 수 있는 최선의 선택이었다.

의사가 되어 첫발을 내딛게 된 인턴 생활은 따뜻한 봄날이라기보다 오히려 추운 겨울이었다. 의사를 목표로만 달려오다가, 정작 의사가 되어 배고픔과 싸운다는 게 말이 되나 싶었다. 병원 업무를 하며 겪는 수많은 갈등, 두려움, 분노, 절망들에 맞서다 보니 많은 에너지가 소진되었다. 그래도 따뜻한 봄이 온다는 희망으로 추운 겨울을 잘 버틸 수 있었다. 내가 꿈꾸는 따뜻한 봄날은 반드시 찾아오리라 믿었다. 그렇게 희망의 씨앗을 품고 배고픈 인턴의 삶을 바쁘게 살아낼 수 있었다.

07

엄마, 저 의사 못 할 것 같아요

재활의학과 인턴을 돌고 있었을 때였다. 인턴 생활의 중반으로 접어들고 있었다. 재활의학과 인턴을 돌며 가장 많이 했던 일 중 하나는 욕창 소독이었다. 침대에 누워 생활하시는 환자분들이 많았다. 혼자 움직이기 힘들 정도로 몸이 불편하신 분들이 많았다. 그분들은 대부분 꼬리뼈 부위에 욕창을 갖고 계신다. 재활의학과 인턴을 돌게 되면 욕창을 포함한 상처 소독을 굉장히 많이 하게 된다. 상처가 크게 열려 있어 균 감염이 되지 않게 하기 위해 자주 소독을 해주어야 한다. 또한 꼬리뼈 부위 욕창에는 대변이 쉽게 묻을 수 있어서 특별히 잘 관리해야 한다.

병원 침대는 성인의 무릎 높이보다 조금 높은 정도였다. 환자분을 소독하기 위해서는 옆에 상주하고 있으신 간병인 여사님이나 보호자분의 도움이 필요하다. 환자분의 체위로 옆으로 잠깐 돌리고 소독할 동안 누군가가 환자분의 몸을 잡아주어야 한다. 출근을 하면 병동 뒷편에 소독할 환자분의 이름이 쭉 작성되어 있다. 급한 업무 콜이 없으면 소독을 순서대로 시작하게 된다.

욕창 소독을 많이 하면서 언제부터인가 허리가 아프기 시작했다. 평소에 허리가 아픈 적은 없었는데, 허리를 구부려 낮은 침대에 소독을 많이 하다 보니 허리가 아플 수밖에 없었다. 허리가 너무 아파 의료기 상사에 가서 복대를 구입했다. 허리 아프신 할머니들이 착용하시는 복대를 내가 착용하게 되었다. 그렇게 통증을 참아가며 매일 열심히 욕창 소독을 해나갔다. 몸이 아프다 보니 일하는 것이 더 힘들어졌다. 생각보다 큰 통증에 이러다가 잘못되는 것이 아닌지 걱정이 되었다.

그렇게 몸이 한군데씩 고장이 나면서 힘든 시기를 보내다 보니, 어느 순간 '번아웃 증후군'이 왔다. '번아웃 증후군'이란 의욕적으로 일에 몰두하던 사람이 극도의 신체적 · 정신적 피로감을 호소하며 무기력해지는 현상을 말한다. 많은 직장인들이 자주 겪는 증상이다. 몸이 아픈 상황에서, 업무가 과다하게 쏟아지고, 일에 대해서 선배에게 혼나게 되는 등 모든 일들이 하루에 태풍처럼 휘몰아친 날이 있었다.

그날은 당직 중이었으나 콜을 받을 수 없을 정도로 감정이 북받쳐 올랐다. 다급하게 함께 당직을 도는 친구에 30분 정도 콜을 대신 받아줄 것을 부탁했다. 병원 1층 구석의 소파에 앉아 한참을 울었던 것 같다. '내가 과연 이 생활을 잘 마칠 수 있을까?' 의문이 들었다. 그러면서 그냥 모든 것을 내려놓고 쉬고 싶다는 생각만 계속 들었다.

그 자리에서 어머니가 생각나서 전화를 드렸다. 힘든 마음에 말은 못 하고 그저 울기만 했다. 어머니는 내가 힘든 시기를 보내고 있다는 것을 아셨는지 짧게 말씀하셨다.

"엄마가 미안해."
"…."

엄마께 죄송한 마음과 힘든 마음이 공존하여, 모든 것이 복잡하게 뒤엉켜졌다. 나는 아무 말도 할 수 없었다. 내가 힘든 건데 왜 미안하다고 하시는지, 속상한 마음에 어머니와 함께 울었다. 뒤늦게 어머니께 입을 열었다.

"엄마, 나 의사 못 할 것 같아요."
"너무 힘들어서 못 하겠어요."

어머니는 묵묵히 내 이야기를 다 들어주셨다. 힘들 때면 어떤 조언도 들리지 않는다는 것을 알기에 그저 나를 안아주셨다. 어머니에게 내 마음을 토로하고 마음을 다잡고자 하였다. 힘들 때마다 어머니는 나의 이야기를 늘 들어주시고, 다독여주셨다. 어머니께서는 본인의 경험이나 생각으로 나를 판단하시지 않으셨다. 그저 내가 느끼고 생각한 것을 옳다고 해주셨다. 나는 어릴 적 부모님의 조언을 갈망하고 삶의 지혜를 알려줬으면 하는 강한 바람이 있었다. 하지만 성장해보니 내가 스스로 깨우치도록 기다려주시고, 받아주신 어머니가 너무 감사했다. 또한 여러 감정과 생각들을 훌훌 털어버릴 수 있도록 응원해주셨다. 늘 같은 자리에서 나를 지지해주셨기에 그 위기의 순간을 잘 견뎌낼 수 있었다.

인턴을 지나고도, 내과 레지던트가 되어도 큰 위기가 한 차례 왔었다. 혈액종양내과를 돌면서 담당 환자를 50명 정도 육박해서 볼 때였다. 암병동을 주치의로 보고 있다는 부담과 함께 많으면 하루에 5명의 환자분들이 임종하시는 날도 있었다. 중증도가 높은 환자분들을 많이 보다 보니 숨이 턱턱 막히는 느낌을 받은 적이 있었다. 이때 또 한 번의 번아웃 증상이 왔다. 선배들과 교수님들께 말씀드리고 급하게 휴가를 일주일 다녀오게 되었다.

휴가를 보내는 동안 내 마음을 돌아보았다. '왜 다른 사람들은 잘 버티는데 나는 쉽게 지치는 걸까?' 혼자 속상한 마음에 눈물이 하염없이 흘렀다. 나와 잘 맞지 않은 일이라는 생각도 들었다. 이 일을 해야 하는 이유에 대해 생각해보았는데 특별히 이유가 생각나지 않았다. 단지 나는 아무리 힘들어도 포기한 적이 없었다는 사실이 그저 떠올랐다. '조금만 더 참으면 좋은 날이 오겠지.'라고 막연하게 생각했다. 감정이 올라올 때마다 그저 그때만을 잘 흘려보내면 문제가 없다고 여겼다.

힘든 일이 반복되는 것은 나의 이런 태도에서 비롯되지 않았나 생각이 든다. 바쁘다는 핑계로, 전공의 생활은 무조건 마쳐야 한다는 핑계로 내면의 소리를 듣지 않았다. 자기감정에 빠져버리면 헤어나오지 못할 것이라는 두려움도 있었다. 그저 인내하면서 생각 없이 흘러가다 보면 어느새 끝나 있을 거라는 생각이었다.

인턴, 레지던트 수련 중 자주 있는 일이 있다. 일하다가 어느 날 갑자기 연락 두절이 되어 병원에 나타나지 않는 사람들이 있다. 의사들은 이를 지칭하는 표현으로 '도망'을 갔다고 말한다. 일하다가 극한의 상황에 이르렀을 때 병원을 뛰쳐나가게 되는 것이다. 도망간 전공의가 생기면 다시 돌아올 수 있도록 회유하고 위로를 전한다. 실제로 내가 2년 차 시절, 1년 차 후배 전공의 중 한 명이 여러 번 도망갔다 돌아오는 일이 있었다. 나를 포함한 윗연차 선배들이 돌아가면서 만나 면담하고 격려했다.

하지만 그분은 나이가 40대였고, 의사 고시에 늦게 합격하여 내과 수련이 버겁다고 토로하셨다. 나이가 지긋하신데 어린 선배들과 함께 일하는 것도 영향을 끼친 것 같았다. 오히려 젊은 교수님들과 연배가 비슷할 정도였다. 도망갔다 복귀하는 일을 몇 번 반복한 후에, 결국 그만두게 되었다.

나는 도망갈 용기가 없었다. 도망가서 다른 사람들에게 피해를 끼치고 싶지 않았다. 또한 내 이름이 구설수에 오르내리는 것도 원치 않았다. 어떻게든 끝날 때까지는 이를 악물고 버티겠다고 마음을 다잡았다. 매번 흔들렸지만 흔들릴 때마다 나 자신을 채찍질했다.

인턴과 레지던트의 생활을 마치고 나니 당시의 어려움이 새롭게 보이기 시작했다. 반복되는 감정과 사건들은 내면을 돌아보라는 신호임을 깨달았다. 다른 사람의 시선이나 평가가 중요할까? 아니면 내 마음이 어떻게 느끼고 무엇을 하고 싶은지가 중요할까? 나는 주변 사람들의 눈치를 많이 보고, 좋은 평가를 받는 것을 우선시했다. 그렇게 하다 보니 반복되는 문제 앞에서 급한 불만 끄는 것에 급급했다. 계속 내 마음속에서 자잘한 불씨가 남아 있는 것을 살펴보지 않았다.

천천히 생각해보면 결국 모든 것은 내가 선택한 것이다. 힘든 순간의 감정에 동화되지 말고 그 감정을 선택한 것은 '나'임을 깨달아야 한다. 그리고 내가 왜 그 감정을 느끼고 있는지 돌아보는 것이 중요하다. 감정이 솟구쳐 올라오는 것은 눈앞의 사건 때문이라고 우리는 생각한다. 그러나 진정한 이유는 따로 있다. 그 상황이나 사람을 '나쁘다' 혹은 '옳지 않다'라고 믿는 내면의 고정된 생각에서 비롯된 것이다.

선배 의사들은 앞으로 더 인생의 어려움은 계속될 것이라고 충고하셨다. 그러나 이제는 '못 할 것 같다는 마음'에서 졸업하였다. 위기의 시간 동안 나는 도저히 의사를 못 할 것 같았다. 고난을 통해 나는 성장했고, 강해졌다. 그 시간을 겪으며 이제는 의사도 할 만한 일이라고 말하게 되었다.

08

우리 아빠,
깨어날 수 있을까요?

중환자실에서 많은 중증 환자분들이 급성기 상태에 대하여 집중 치료를 받는다. 환자의 작은 변화에 울고 웃으며 모든 의료진이 최선을 다한다. 또한 보호자들의 간절함과 기도로 환자들이 버티고 있는 곳이기도 하다. 생과 사의 갈림길에서 환자와 의사 모두 치열하게 살아낸다.

호흡기내과 중환자실 주치의 시절, 새벽 5시에 출근해서 환자분들의 경과를 매일 빠지지 않고 확인하였다. 밤사이 새로 입원한 환자분의 병력과 상태를 기록으로 먼저 자세히 파악했다. 그리고 재원 환자들의 새벽에 시행한 정규 혈액 검사, 가슴 엑스레이, 생체징후, 특이 사항이 있었는지 담당 간호사의 기록, 오늘 예정된 검사 등 전체적인 내용을 확인했다.

환자 명단에 빼곡하게 해당 사항을 적고 빠뜨리지 않고자 형형색색의 형광펜으로 표시했다. 그러고는 6시부터 오전에 있을 교수님 회진을 준비했다. 미리 환자분 상태를 머리부터 발끝까지 면밀하게 확인해야 했다. 혈압을 올리는 승압제 용량, 환자에게 연결된 수많은 도관들의 상태, 인공호흡기 상태 등 모든 것을 직접 눈으로 확인했다.

회진을 준비하는 동안 위중한 환자분이 있으면 만사 제쳐놓고 옆에 상주하며 필요한 처치를 했다. 정신없이 하루를 보내다 보면 어느새 오후 6시에 있는 보호자 면회 시간이 다가왔다. 그러면 모든 환자분들의 침상을 방문하며 순서대로 가족들과의 면담을 진행했다. 중환자실 주치의의 하루는 정말 빨리 흘러갔다. 모든 일과를 마치고 잠자리에 누울 때면 하루 있었던 일을 떠올리고 무탈하게 흘러간 하루에 짧게 감사하며 잠에 곯아떨어졌다.

호흡기내과 중환자실에서 유독 나는 '약물중독' 환자들을 많이 만났다. '약물중독'이라 함은 삶을 포기하고자 농약, 수면제 등을 먹은 것을 말한다. 홧김에 혹은 자살 목적으로 다량의 약품이나 독성 물질을 먹고 오는 분들이 많았다. 그 종류로는 혈압약, 당뇨약, 인슐린부터 시작해서 유기인계 농약, 살충제, 수면제, 타이레놀, 번개탄, 락스, 빙초산에 이르기까지 굉장히 다양했다. 간혹 약물 중독과 동반되어 물에 빠져 익사 상태로 구조되었거나, 목을 매단 후 구조되어 입원한 경우도 있다. 의식을 잃고 자발 호흡이 약해지면서 사망할 수 있기 때문에 인공호흡기 치료가 필요하다. 그래서 인공호흡기 치료를 위해서 호흡기내과 중환자실로 오는 경우가 많았다.

입원 환자분들은 대부분 정신적인 문제, 사람 관계의 불화, 경제적 문제 등으로 고통받고 있었다. 환자분이 의식 불명인 상태일 때는 가족들과 면담하며 어떤 상황이었는지 확인했다. 치사량 이상의 독극물이 투여되었는지 확실히 파악해야 환자분의 상태를 어느 정도 예측할 수 있다. 또한 환자분의 기저 질환부터 경제적 상황, 가족 관계 등 집중 면담을 하여 정확히 조사해야 했다. 여러 문제 상황을 포함하여 법적인 상황도 연계될 수 있어 엄청난 주의가 필요했다.

유기인계 농약을 음독하고 입원하신 환자분이 있었다. 인공호흡기를 치료를 유지하며 환자분의 전신 상태와 경과가 회복세를 보였다. 환자분의 의식이 회복하기 시작하여, 자발 호흡을 확인하고 인공호흡기를 뺄 수 있는지 평가했다. 그러나 유기인계 농약의 주의점으로, 급성 중독 증상이 회복된 이후에도 수일 내로 호흡근 마비가 올 수 있다는 점이 있다. 그래서 좋아진 경과를 마냥 안심하고 지켜볼 수 없으며 몇 주간의 집중 관찰과 입원 치료를 요한다.

환자분은 중환자실에 입원하여 인공호흡기 치료를 1주 반 정도 유지

후 회복 추세로 인공호흡기를 제거하였다. 인공호흡기를 뗀 이후 중환자실에서 상태 변화를 관찰 중에 호흡부전이 발생하여 인공호흡기를 다시 적용하게 되었다. 호전과 악화를 반복하는 상황이었다. 당시 환자분의 상태가 급변하고 있어 환자분의 배우자분과 아들, 딸 자녀분들과 매일 면담하였다.

"OO 환자분, 조금씩 콩팥 기능도 나빠지고 계세요. 여러 합병증으로 인해서 악화 가능성이 높은 상황입니다."

"선생님, 그래도 중환자실 치료 계속하면 우리 아빠 깨어나실 수 있을까요?…."

"할 수만 있다면 아버지가 깨어나실 때까지 모든 치료를 다 할게요. 제발 잘 봐주세요."

"네, 최선을 다해서 치료하고 있습니다. 조금 더 경과를 지켜봐야 할 것 같습니다."

매일 면회 시간마다 주된 질문이 있었다. '환자분이 깨어날 수 있는가'의 여부가 가족들이 가장 궁금해하는 사항이었다. 악화되실 가능성에 더 무게가 가는 상황이었기에 환자분의 회복 여부를 단정 지을 수 없었다. 조금 더 상황을 지켜볼 수밖에 없음을 매번 설명하였다.

자세히 면담을 하다 보니 가족의 사연을 들을 수 있었다. 아버지와의 불화로 자녀들이 아버지와의 연을 거의 끊고 지내고 있는 상황임을 듣게 되었다. 아버지의 소식을 모르고 있다가 음독 이후 중환자실로 입원한 모습이 오랜만에 마주한 아버지의 모습이었던 것이다. 자녀분들의 상황이 안타깝지만 어떤 말로 위로를 전해야 할지 어려웠다.

환자분은 음독으로 인한 여러 합병증으로 전신 상태가 점점 더 악화되었다. 부정맥과 장기 부전 등 여러 좋지 않은 상황으로 적극적인 치료에도 불구하고 결국 임종하게 되셨다. 환자분의 가족들은 부둥켜안고 한참을 중환자실에서 우셨다. 그렇게 사연 많은 환자와 그의 가족을 떠나보냈다.

중독이 경하여 금방 회복되고 치료가 된 환자분들도 있었지만, 중대한 후유증이 남아 고통 속에서 남은 여생을 보내게 된 분들도 있었다. 구구절절한 사연들과 중증의 환자분들로 중환자실은 늘 가득 차 있었다. 그러다 보니 여러 복잡한 가족 갈등 사이에 끼여 의료진으로서 어쩔 수 없이 놓인 적도 있었다. 예민한 상황에 연관되어 병원의 법무팀 팀장님과 면담을 신청한 적도 있었다. 환자분들이 중증인 상태인 만큼, 여러 위중한 사연들도 접할 수 있었다. 내가 살아온 가정환경과 인생의 경험은 상대적으로 평탄하였음을 알게 되었다.

많은 환자분들을 진료할수록 삶을 포기한다는 것에 대해서 여러 생각이 스쳤다. 그만큼 현실이 녹록지 않고 점점 더 세상살이가 어려워지는 것인지 안타까운 마음이 들었다. 사회적인 문제와 감염병 소식이 끊이지 않으면서 많은 사람들이 고통받고 있는 모습을 가까이서 보았다. 감당할 수 없는 고통을 끝내고자 자살을 선택하지만, 그 고통은 다른 형태로 바뀌어 남은 가족들에게 돌아온다. 또한 본인의 영혼에도 씻어야 할 얼룩이 남게 되는 것이라는 생각이 들었다. 또한 삶을 살아갈 기회를 저버릴 그 용기로, 어떻게든 살아가는 것을 선택하는 것이 낫지 않을까 하는 생각이 든다.

모든 사람은 이 땅에 태어난 목적이 있다고 나는 믿는다. 삶을 통해 많은 것을 경험하고 영혼의 깨달음을 얻고 성장하는 것이 중요하지 않을까? 중환자실에 입원하신 약물 중독 환자분들이 잘 회복하여 새로운 인생의 기회를 맞이할 수 있도록 돕는 것이 나의 역할이라고 생각했다. 기도하는 마음으로 환자들의 회복과 안녕을 늘 빌었다.

인간으로 태어나 전쟁 같은 삶을 살아간다고들 말한다. 나 또한 학업과 전쟁을 벌이며 살아오면서 많이 지치고 고단했다. 누군가는 나의 삶을 놓고 온실 속 화초같이 자라왔다고 말했다. "너는 조금 더 고생해야 해. 약해 빠져서 앞으로 힘든 세상 어떻게 살려고 하니?" 서슴없는 충고들은 나에게 비수가 되어 꽂히기도 했다. 하지만 나는 나만의 삶의 경험과 고초를 겪으며 성장해왔다. 다른 사람이 나에 대해 왈가왈부하며 판단하는 것은 중요한 것이 아니다. 내가 마주하는 삶의 자리에서 최선을 다해 경험하고 깨달음을 얻는 것이 중요하다. 또한 삶의 최악의 순간에서도 조금이라도 밝게 내 인생을 정의 내릴 수 있다면 그 사람이야말로 진정한 승리자가 아닐까 싶다. 삶을 포기하기에는 누리고 얻을 수 있는 축복이 더 많다는 사실을 알아야 한다.

호흡기내과 중환자실 환자분들의 주치의로서 경험은 참 값진 시간이었다. 삶과 죽음에 대해서 짧지만 강렬하게 돌아볼 수 있었다. 한 사람의 생명은 쉽게 부러지는 나뭇가지 마냥 가냘픈 것 같다는 생각도 들었다. 하지만 때론 쉽게 끊어지지 않고 질기게 이어가기도 했다. 생명과 현실이 팽팽하게 충돌하는 그 어디쯤, 하루 24시간, 1년 365일 내내 불 꺼지지 않는 중환자실에서 경험은 평생 잊을 수 없을 것이다.

09

너 도대체 언제 살 뺄래?

레지던트의 삶을 보내면서 나는 체중이 거의 10kg가량 늘었다. 스트레스와 야식으로 인해서 살이 많이 쪘다. 레지던트의 주요 일과인 회진 시간에 계단으로 이동하시는 교수님이 꽤 많으셨다. 계단을 오르내릴 때 숨이 차고 무릎과 발목이 아프기 시작했다. 빠르게 달리시는 교수님보다 레지던트는 앞서서 동선을 안내해야 한다. 회진을 잘 안내하는 것도 레지던트가 평가받는 주된 능력이기도 하다. 살이 찌다 보니 동작이 느리고 숨이 찼다. 최선을 다해 달리고 보는 시간이었다.

가족들은 내가 살찐 것에 대해서 많은 걱정을 했다. 진심으로 건강이 걱정된다며 건강을 위해 살을 빼라고 잔소리를 퍼부었다. 나를 진심으로 걱정해주는 가족들이지만, 내가 어떻게 살이 찌게 되었는지 이해해주지는 못했다. 어느 날부터인지 가족뿐 아니라 주변 동료들이나 선배, 교수님들도 여기저기서 내게 살 빼라는 이야기를 하기 시작했다. 가끔은 살 빼라는 훈화 말씀과 함께 등짝 스매싱을 맞기도 하였다.

췌장염 환자를 진료하고 계셨던 어떤 교수님은 나한테 이렇게까지 말씀하셨다. "너 살 안 빼면, 저 환자처럼 췌장염 걸리는 수가 있어! 살 좀 빼라." 그 말을 듣는 순간, 다이어트를 해야겠다고 정신이 번뜩 들었다. 기분이 무척이나 나쁘기도 했다. 그러나 나를 만나는 대부분의 사람들이 나를 보고 말하는 이 공통적인 주제에 대해서 고민이 들었다. 이렇게 주변 사람들이 살 빼라고 난리를 치는지 어느 순간부터는 진지하게 생각하게 되었다.

레지던트의 생활 속에서 나는 나 자신을 돌보지 못했다. 스트레스와 바쁜 일상을 보낸다는 핑계로 건강관리에 소홀하였다. 매년 받는 직원 특수 검진에서는 간 수치가 오르고 고지혈증이 나와서 진료를 여러 번 보기도 하였다. 검사 결과에서도 이대로 가다간 건강이 악화될 위험이 있다고 듣게 되어 머리를 얻어맞은 느낌이었다. 레지던트 업무를 성실히 하기 위해 나 자신을 포기하며 살았던 결과였다. 어떤 일이든 균형을 이루며 나와 주변을 함께 챙기는 지혜로운 사람으로 살고 싶은 욕망이 올라왔다.

불현듯 고등학교 3학년 수험생 시절이 떠올랐다. 정말 규칙적인 생활을 하며 나의 몸과 마음을 관리했었다. 아침에 7시에 일어나 스트레칭을 정성껏 하고, 기숙사 구보를 뛰며 운동장을 몇 바퀴 뛰었다. 학교 식당에서 밥을 먹고, 수업과 야자 시작까지 시간 관리를 철저히 했었다. 당시 나만의 계획표를 만들어 1시간 단위로 계획을 짜고 목표한 바의 80%를 이루려고 안간힘을 쓰며 살았다. 수능을 준비하던 그 열정은 지금도 생각하면 참 대단하다는 생각이 든다. 고등학교, 대학교 시절 나는 자기 관리를 철저히 하려고 노력했다. "건강한 몸에 건강한 정신이 깃든다."라는 명언처럼 몸과 마음 관리를 늘 우선시했다. 그때를 생각하며 사회인이 된 내 모습을 보니 허술하기 그지없었다.

고등학교 3학년에서 대략 10년이 지난 이 시점을 돌아보았다. 그때보다 나 자신에 관심이 없고, 돌아보지 못했던 것이 부끄러웠다. 다른 사람을 도와주느라 나 자신은 안중에 없었다. 이 사실을 깨닫고 나니 마음이 무거웠다. 다른 사람이 나를 알아주었으면 좋겠다고 늘 생각했다. 아마도 모든 사람들이 그러고 있을지도 모른다. 인정받고 싶고, 사랑받고 싶고 그것을 늘 확인하고 싶은 것이 인간이다. 내가 사랑받고 있지 않다고 느끼는 순간 부정적인 생각과 감정이 마구 올라오기 시작한다. 그런 감정의 본질은 내 마음을 알아달라는 무의식의 작용들이다. 이것을 모르고 마음의 벽을 쌓고 다른 것에서 위로받고자 하면 문제를 해결할 수 없다.

나는 인정받고 싶은 욕구가 굉장히 강했다. 주변 사람들에게 칭찬과 인정을 늘 받고 싶었다. 늘 주목받고 싶은 정도는 아니었지만, 내가 묵묵히 책임감 있게 해나간다면 언젠가는 인정을 받을 것이라고 믿었다. 내가 피해를 받더라도 받아주고 이해하려고 했다. 나에게 쓴소리를 하는 사람 때문에 힘들어도 그 이야기를 받아들이고 고치려고 노력했다. 그러다 보니 나의 생각과 감정을 알아차리지 못하였던 것 같다. 왜 그렇게 힘든 생활을 선택하며 살았나 싶다.

레지던트는 기본이 4년이지만 내과는 3년제 수련으로 바뀌게 되었다. 마지막 3년 차를 보내며 다소 여유로운 시간을 확보할 수 있었다. 내과 전문의 시험을 준비할 수 있도록 업무 강도가 낮게 배정이 되었다. 이 시간을 알차게 보내고 싶어 운동을 시작했다. 개인 헬스 트레이닝을 시작하고 주중에 3번 정도 강도 있게 운동을 시작하였다. 중학교 체육 수업 이후로는 운동을 강도 있게 해본 적이 없었다.

아주 오랜만에 웨이트 트레이닝과 유산소 운동을 1시간 이상 하게 되었다. 처음에는 어지럽고 운동하다 잘못되는 것이 아닌가 걱정이 앞섰다. 힘들게 운동을 하고 나면 녹초가 되서 왠지 당직을 선 것 같은 착각이 들기도 하였다. 그래도 운동 비용도 큰맘 먹고 지불했기에 처음에는 돈이 아까우니 열심히 다녀야겠다는 심정이었다. 운동을 시작하고 몇 달이 지나다 보니 어느새 운동하러 가는 것이 익숙해졌다. 근력도 좋아져서 무게를 올려도 힘들지 않았고 살이 조금씩 빠지기 시작했다.

식단 관리 또한 철저하게 시작했다. 요사이 입이 즐거운 다이어트 식품이 굉장히 다양하게 출시되고 있다는 것을 알았다. 헬스 트레이너 선생님께서 추천해준 맛있는 닭가슴살 요리와 두부면이란 것을 알게 되었다. 다양한 맛의 닭가슴살 요리와 면 모양을 갖춘 두부로 요리를 시작했다. 이 두 가지 재료로 닭가슴살 두부면 파스타가 나의 주된 다이어트 요리였다.

파스타 소스를 다양하게 먹으면서 먹는 즐거움을 유지할 수 있었다. 이전에는 식단 관리는 그저 굶거나 양을 줄여서 먹는 것을 참는 것으로만 알았다. 맛도 칼로리도 함께 잡을 수 있는 똑똑한 식단 관리를 해야 한다는 것을 처음 알게 되었다. 배달 음식으로 늘 배를 채우고 잠에 곯아떨어지던 생활에서 이렇게 건강하게 먹고 운동할 수 있어서 참 행복했다. 나에게도 이런 시간이 찾아오다니 기적 같은 순간이라고 느꼈다.

운동을 시작하여 가장 좋았던 시간은 런닝 머신으로 유산소 운동을 할 때였다. 1시간 이상 빠르게 걸으면서 생각이 잠겼다. 일상적으로 했던 따분한 생각과 잡념을 비우고, 긍정적인 생각과 에너지를 상상해보았다. 병원에서의 일상은 그 순간 새하얗게 잊을 수 있었다. 천천히 걸으면서 마음을 비우고 자유롭고 여유로운 시간을 보낼 수 있었다. 운동을 하니 부정적이고 어두웠던 마음이 밝아지고 있었다.

트레이너 선생님은 늘 "회원님은 잘하고 계세요! 얼마든지 할 수 있습니다! 화이팅!"이라고 응원해주시고 운동을 즐겁게 할 수 있도록 도와주셨다. 혼자 운동을 하면 어려웠을 텐데 선생님의 도움을 받으니 쉽게 적응할 수 있었다. 운동을 하면서 몸이 건강해지니 마음도 즐겁고 긍정적으로 변화되었다. 1년 정도 꾸준히 운동을 하면서 살이 찌기 전 체중으로 감량을 할 수 있었다.

운동을 통해 잃어버렸던 자신감을 다시 얻었다. 처음에 운동을 시작할 때는 내가 과연 살을 뺄 수나 있을까 하는 의심이 가득했다. 그리고 중간에 살이 천천히 빠지는 과도기 동안은 포기하고 싶었던 적도 많았다. 여러 고비가 있었지만 결과적으로 처음 인턴 때의 몸무게로 회복할 수 있어서 정말 기뻤다. 물론 아직 조금 더 체중을 빼고 싶은 목표는 남아 있다. 많은 사람들이 건강을 가꾸어 '바디 프로필'이라는 사진을 촬영한다. 체중을 확실하게 빼서 남녀 할 것 없이 근육이 아름답게 드러난 사진을 자신 있게 찍는다. 앞으로 나는 멋진 바디 프로필을 찍고, 체중 유지도 지혜롭게 잘해나가는 것이 최종 목표이다.

나도 할 수 있다는 자신감은 살면서 늘 소중하게 품어야 할 마음이다. 늘 해낼 수 있는 방법에 집중하고 이뤄나가는 삶을 살자. 사람들로부터 "도대체 살 언제 뺄래?"라는 말 대신 "도대체 살 어떻게 뺀 거야?"라는 말을 듣는 그날까지, 아름다운 내 모습을 상상하며 즐겁게 운동하리라. 이제는 나를 돌아보고 가꾸고 젊음을 소중히 여길 것이다.

Dream Doctor's Study Routine

- 3장 -

의사가 포기하면 환자도 포기한다

01

의사가 포기하면
환자도 포기한다

'무연고자'라는 말을 들어본 적이 있는가? 사전을 살펴보면 '무연고자'를 '가족이나 주소, 신분, 직업 등을 알 수 없어 신원이 불분명한 사람'으로 정의하고 있다. 일반 병동이든 중환자실이든 환자분들이 입원하면 병력에 대한 초기 평가를 한다. 어떤 보호자가 있는지 확인하고 상의드릴 대표 보호자의 연락처를 중요하게 기록한다. 그래서 보통 환자분이 입원하여 검사나 시술을 하거나, 위중한 상태 변화가 있으면 보호자에게도 유선 혹은 대면으로 상황을 설명한다. 나는 종종 보호자가 없는 '무연고자' 환자들을 만나볼 수 있었다. 보통 두 종류의 무연고자 환자들이 있다. 첫째로 고령의 환자로, 주위 가족들이 돌아가시고 결혼하지 않아 배우자와 자녀가 없는 분이다. 둘째는 배우자와 자녀, 형제자매 등 가족이 살아 있지만, 여러 이유로 왕래하지 않고 연을 끊고 사는 경우이다. 몸이 아플 때 함께할 수 있는 가족이 없다는 것은 참 슬프고 안타까운 일이다.

입원 환자분들을 진료하다 보면, 오히려 환자 본인에게 설명하는 것보다 보호자들에게 설명하는 시간이 더 길어지기도 한다. 최신 논문을 공부하고 오셔서 세세하게 질문하는 보호자들도 있었다. 환자를 진료하고 치료하는 것보다 보호자를 응대하고 진정시키는 일로 많은 에너지가 소진되기도 했다. 그렇게 보호자라는 존재는 환자와 의사 사이에 영향을 크게 끼치는 중요한 존재로 자리하고 있다.

이런 보호자의 부재가 크게 느껴지는 분들이 바로 '무연고자' 환자들이었다. 환자분의 상태가 급변할 때 늘 담당 간호사 선생님한테 물어보는 질문이 "보호자 연락되었나요?"이다. 무연고자 환자는 상의할 보호자가 없어 환자분과 상의하고 결정하면 된다. 또는 환자분이 의식이 저하되거나 섬망이 심한 상황으로 판단을 하기 어려운 상태라면 의료진이 치료를 판단하여 진행하게 된다.

나는 무연고자 환자들을 자주 보았다. 무연고자 환자는 설명할 보호자가 없어, 무언가 허전한 느낌이 들었다. 무연고자 환자들은 수많은 만성 질환을 떠안고 사시는 분들이 많았다. 오히려 병원에 오면 챙겨주는 의료진이 있으니 병원에 오는 것을 좋아하는 분도 계셨다. 문제는 환자분이 의식이 저하되고 전신 상태가 악화되는 상황일 때 연명치료 진행에 대해 상의할 가족이 없다는 점이다. 다른 말로 표현하면 할 수 있는 모든 연명치료를 다 진행해야 함을 의미한다. 이것은 법적으로 규정하고 있는 사항이기도 하다.

근래에는 연명의료결정법이라는 제도가 생겨서, '사전연명의료의향서'라는 것을 작성할 수 있다. 차후에 신체가 회복 불가능한 상태가 됐을 때 연명치료를 받지 않겠다고 서명하는 서류를 지칭하는 것이다. 고령의 어르신들이나 정보를 듣게 된 분들이 작성하시는 것을 최근에 많이 보게 되었다.

알코올 간경화 말기 환자가 중환자실로 입원하였다. 며칠 동안 집 안에서 인기척이 없어 의아하게 여긴 지인에게 발견되어 의식이 저하된 채로 응급실을 통해 입원하신 분이었다. 환자분을 처음 보고 술로 인해 검게 변해버린 얼굴이 가장 먼저 눈에 들어왔다. 그리고 몸이 노랗게 변하는 황달 증상이 심한 상태로, 전신이 샛노랗게 변해 있었다. 환자의 배는 복수로 인해서 동그랗고 빵빵하게 불러 있었다. 환자분은 알코올성 간경화의 합병증 중 하나인 간신증후군(Hepatorenal syndrome)이 온 것으로 의심되었다. 간신증후군이란, 간경화로 인하여 콩팥으로 가는 혈류가 감소하여 기능이 갑자기 나빠지는 현상이다. 간경화의 합병증 중에 예후가 좋지 않은 것 중 하나이다.

중환자실 입원하여 시간당 소변량을 확인했는데 소변이 거의 안 나오고 있었다. 투석 도관을 잡고 24시간 투석을 천천히 돌리는 중환자실 투석 치료를 시작하게 되었다. 허벅지 사타구니 혈관에 굵은 투석 도관을 잡았다. 투석 기계가 콩팥이 해줄 일을 대신하여 시간을 버는 동안, 환자의 콩팥 기능이 돌아오기를 기다렸다. 그렇게 투석을 하며 2주 정도가 흘러갔다. 환자분은 간경화가 말기에 이른 상태여서 연명치료를 하더라도 예후는 좋지 않으리라고 여겼다. 그리하여 언젠가는 장기 부전과 심정지 상황이 발생하리라 예상하였다. 3주 차로 접어들고 환자분의 전신 상태가 점차 나빠지기 시작했다. 그리고 갑자기 혈압이 떨어지더니 염려했던 심정지가 발생하게 되었다.

환자분은 무연고자였기 때문에 모든 집중 치료를 빠르게 바로 진행하였다. 심폐소생술을 하자마자 5분이 안 되어 맥박이 돌아왔다. 그러고 한 시간이 정도 흐르고 다시 심정지가 발생하였다. 그렇게 수차례 심정지 상황과 회복되는 상황이 반복되었다. 이런 상황이 반복되자 나는 환자분께서 편하게 임종하셨으면 좋겠다는 생각이 들었다. 이미 의식불명이신 상태이며, 전신 장기기능이 돌아올 수 없는 강을 건넌 상태였기 때문이었다. 계속 심정지 상황 속에서 나는 심경이 복잡해지고 어지러웠다. 결국 그렇게 여러 번 심폐소생술을 반복하다가 자발 순환이 돌아오지 않은 상태에 이르러, 사망선고를 내리게 되었다. 환자분이 사망하신 후에 마음이 어딘가 모르게 씁쓸했다. 환자분의 전신 상태가 입원 당시부터 좋지 않았음에도 불구하고, 왠지 모를 죄책감이 나를 옭아맸다. '내가 환자분이 빨리 돌아가셨으면 좋겠다고 여기지 않았는가.'라는 생각이 나를 괴롭게 만들었다. 내가 환자분을 마음속으로 포기한 것이 아닌가 하는 생각이 한동안 가시지 않았다.

한편으로는 무연고자 환자들을 진료하며 적극적인 치료를 포함한 연명치료의 진행을 빠르게 결정할 수 있었다. 가족들이 많은 경우에는 연명치료 진행을 할지 말지 상의하느라 많은 시간을 허비하게 되기도 한다. 그러다가 빠르게 악화되는 환자분의 상태 속에서 혼란스러운 상태에 빠지기도 한다. 연명치료를 통해 환자분의 의식과 신체 기능이 회복될 가능성이 높다면 당연히 적극적으로 하는 것이 맞다. 하지만 질병으로 인해 신체가 많이 손상되어 말기의 상태로 회복 가능성이 낮다면 고민이 필요하다. 의미 없는 생명의 연장은 환자분의 정상적인 임종 과정을 막고 오히려 고통을 가중시키는 꼴이 된다.

고령의 많은 어르신들은 집에서 편하게 임종을 맞이하길 원한다. 하지만 우리나라의 대부분의 고령자들은 병원에서 임종을 맞이한다. 삶의 마지막 순간이 다가올 때, 환자와 가족 모두 죽음을 받아들이고 편안한 분위기에서 임종하시는 분들을 거의 뵙지 못한 것 같다.

환자분들이 적극적이고 좋은 치료를 받아 회복되는 것도 중요한 만큼, 편안하게 삶을 마무리하시도록 돕는 것도 의사의 역할이라는 생각이 들었다. 의학적인 상황이 늘 판단하기 쉽게 딱 떨어질 수는 없다. 의사가 환자와 그의 가족들에게 대한 올바르고 이성적인 판단으로 제시해주는 것이 참 중요하다. 이런 의미에서 나는 '환자를 포기하지 않는다'는 것의 의미를 새롭게 내렸다. 적극적인 치료를 모두 다 하면서 어떻게든 환자를 살려보려고 애쓰는 것이 전부가 아님을 알게 되었다.

환자의 상황을 냉철하게 판단하고 적극적인 치료가 필요하면 빠르게 적용하고, 임종기에 이르러서는 편하고 아름답게 삶을 마무리하도록 방향을 제시해주는 것. 이것이 진정한 의미에서 환자를 포기하지 않고 끝까지 가는 의사의 자세라고 생각한다. 그러기 위해서는 무수한 경험과 실력이 뒷받침돼야 하는 것은 절대적인 필요조건이다. 이러한 필요조건들을 지속적으로 확장해나갈 수 있는 힘은 '포기하지 않는 마인드'라는 것도 강조하고 싶다. 의사가 포기하면 환자는 모든 것을 포기하게 된다.

나는 실력과 인성을 겸비한 의사가 되는 것을 늘 꿈꿨다. 공부를 열심히 해서 의학 지식을 머리에 다 넣고 싶었다. 그리고 모두에게 친절하고 잘 들어주는 착한 의사가 되고 싶었다. 그러나 현실은 그렇지 못했다. 어느 순간 공부한 것은 과거 지식이 되어 머릿속을 떠나갔고, 새로운 지식을 넣는 것도 버거웠다. 또한 의사는 사람을 상대하는 직업인 만큼 때로는 강하게 독하게 환자분들을 다그쳐야 하는 상황도 생겼다. 과도한 업무에 시달리고 반복되는 일상을 겪다 보니 타성에 젖기도 하였다. 그러다 보니 새로운 질문이 떠올랐다. '실력과 인성을 지속적으로 계발하고 확장하는 더 근본적인 것은 없을까?'라는 질문이었다.

내가 내린 결론은, 포기하지 않은 마음가짐으로 접근해야 상황에 맞는 판단과 태도를 갖출 수 있다는 것이었다. 수많은 임상 진료 상황에서 교과서가 답을 내려주지 못할 때가 많았다. 정확한 진료 가이드라인을 기초로 하되, 의사의 경험, 환자의 상황 등 여러 가지를 종합하여 최선의 판단을 내리는 것이 중요하다. 그러기 위해서는 익숙함을 경계하고 끊임없이 마음을 갈아엎는 시간이 필요하다. 그래야 포기하지 않고 의사다운 의사로 살아갈 수 있지 않을까 생각한다.

02

나는 저승사자와 싸우는 의사가 되었다

지금부터 5년 전 인기리에 방영된 〈도깨비〉라는 드라마를 재밌게 보았다. 이 드라마에서 기억에 남는 장면이 있다. 여럿의 저승사자들이 나오는 장면이었다. 한 병원의 응급실 안 벤치에 저승사자들이 옹기종기 앉아 있었다. 후배 저승사자들은 "OO기, 김차사입니다. 열심히 하겠습니다!"라고 패기 있게 선배 저승사자들에게 인사를 했다. 그 앞으로 빠르게 응급환자가 들어왔다. 이 장면에서는 위급한 환자가 사망하겠거니 생각했지만 아니었다. 저승사자가 데리고 가려는 사람은 응급환자가 아닌, 의사였다. 의사는 본인이 죽은지도 모르고 응급실로 들어온 응급환자를 마지막까지 보고 있었다. 의사는 "저 죽었습니까?"라고 저승사자에 물어보는 순간, 본인의 시신이 침대에 실려가는 모습을 멍하니 바라봤다. 이 장면을 본 순간 가슴이 찡했다. 다른 이의 생명을 구하는 의사지만 정작 본인을 돌보지 못한 의사의 죽음을 다루는 장면이었다. 본인의 청춘과 목숨을 바쳐 의료 현장에서 사투를 벌이는 모든 의사와 의료진에게 경의를 표한다.

내과계 중환자실로 많이 입원하는 질환으로 여러 감염증으로 인한 '패혈증'이 있다. 패혈증이란 쉽게 말해 피가 부패한다는 뜻이다. 병원균이나 독소가 혈관으로 들어가 순환하면서 발열, 빠른 맥박, 호흡수 증가, 의식 저하 등 전신 염증 반응을 일컫는 말이다. 패혈증이 심하여 혈압 저하를 일으키면 '패혈증 쇼크'라고 말한다. 패혈증은 빠른 원인 파악 및 수액 치료와 적절한 항생제 투여가 생명이다. 또한 패혈증으로 인한 합병증 발생을 확인하고 필요한 응급대처를 신속하게 시행해야 한다. 고령의 환자분들이 신체 기능이 약해지면서 폐렴과 요로감염으로 인한 패혈증 쇼크로 많이 입원하셨다.

의과대학 학생이었을 때는 패혈증에 대해 원인균과 그에 대한 항생제를 달달 외우는 것이 중요했다. 하지만 실제로 의사가 되어 패혈증 환자를 보는 것은 정말 촌각을 다투는 일이었다. 패혈증으로 인하여 혈압이 떨어지고 의식이 저하되면 초응급 상황이다. 최악의 경우 심정지 상황이 빠르게 발생할 수 있고, 빠르게 대처하지 못하면 환자를 잃을 수 있기 때문이다. 의사의 모든 에너지가 집중되는 급박한 상황이었다. 학생 때 달

달 외웠던 항생제는 다 기억할 필요는 없었다. 중요한 것은 물론 기억해야 하지만, 의심되는 감염증에 대해 치료 가이드라인을 찾아 적용하는 능력이 있으면 충분했다. 실제로 입원환자를 볼 때는 환자에게 투여하는 항생제 용량에 대해서 더 주의를 기울였다. 콩팥 기능이 좋지 않다면 기본 투여 용량보다 줄여서 투여해야 하는 것도 중요한 사항이었다. 이론과 실제가 이렇게 다르다는 것을 몸소 겪을 수 있었다.

내과 레지던트 1년 차의 후반에 신장내과 근무를 돌았다. 신장내과는 호흡기내과, 혈액종양내과와 함께 힘든 수련 파트 중의 하나이다. 신장 질환에 대해 개념을 공부하는 것도 어려워, 임상 진료를 보면서 공부를 더욱 해야 하는 분야였다. 입원환자가 많을 때는 30명 넘게 주치의를 본 적도 있었다. 신장내과를 돌면서 중증의 요로감염 패혈증 쇼크 환자분이 있었다. 옆구리 통증과 발열, 의식 저하로 응급실로 내원한 60대 후반의 여성분이었다. 응급실에서는 발열에 대한 원인 검사를 위해 컴퓨터 단층 촬영(CT)를 진행하였다. 검사에서 양측 콩팥에 신우신염과 농양 소견이 확인되었다. 요로감염으로 인한 패혈증 쇼크가 확인되어 내과 중환자실로 입원하였다.

다행히 빠르게 승압제와 수액 치료, 경험적인 항생제 치료를 시작하면서 더 악화되지 않았다. 하지만 환자분은 여러 기저 질환도 많으셨고, 중환자실 집중 치료를 하면서 여러 상태변화가 관찰되었다. 심장이 부들부

들 떨리는 '심방세동'이라는 부정맥도 새로 생겨 전기 자극을 주어 부정맥을 없애는 치료를 받기도 하셨다. 환자분의 상태 변화에 1년 차였던 나는 정신이 혼미해지기도 했다. 당황하니 어떻게 대처해야 할지 생각이 나지 않을 때도 있었다. 환자분이 호전 악화가 반복될수록 정신을 더욱 번뜩 차리고자 노력하였다. 나는 저승사자가 환자분을 데리러 갈 것 같으면 그 손을 탁 내리친 후 내가 환자분의 손을 잡았다.

환자분은 중환자실에서 4주 정도 집중 치료를 받고 일반 병실로 회복되어 전실하였다. 환자분의 남편분은 환자분을 애정으로 돌보셨다. 회진을 갈 때마다 언제쯤 이전 모습으로 돌아올지 궁금해하셨다. 패혈증 쇼크에서 회복된다고 해도 전신 상태가 이전 모습으로 돌아오는 데 오랜 시간이 걸린다. 젊은 환자분들은 회복 속도가 다소 빠르지만, 고령의 환자일 경우에는 계단을 내려오듯 단계적으로 전신 상태가 떨어질 수도 있다. 환자분은 두 달 정도 총 입원 기간을 거쳐 소변줄도 빼고 다소 건강한 모습으로 휠체어를 타고 퇴원을 하셨다. 정신없는 1년 차의 시간을 보내고 있었지만, 회복된 모습을 보고 마음이 정말 뿌듯했다.

사색이 되어 돌아가실 것만 같은 환자들이 다시 회복되는 모습을 보니 참 기쁘고 안도감이 들었다. 신장내과를 함께 돌며 나를 뒤에서 챙겨주던 4년 차 선배는 나에게 이런 말을 해주었다. "그 환자분 네가 살린 거야. 수고했고, 너무 잘했어." 처음에는 이런 말을 들을 때 얼떨떨했다. 선배와 교수님들이 가르쳐주시는 대로 아등바등 따라가려고 노력했었다. 그런데 내가 살렸다는 말을 들으니 기분이 좀 이상했다. 다시 생각해보니, 환자분을 살피고 약을 처방하고, 옆에서 열심히 돌본 것이 바로 나였다. 내가 봐도 칭찬받아 마땅한 일이었다.

내과 레지던트를 하며 많은 패혈증 환자를 치료하고 살렸다. 특히 고령의 환자분들은 임종하실 것 같았는데 기적적으로 회복되는 사례도 많았다. 누가 보면 당연히 할 일이고 수련 과정 중이 하나로 치부해버릴지 모르겠다. 그러나 나는 정말 매순간 최선을 다했다. 문제 상황이 더 커지지 않도록 초기 대응을 빠르게 하려고 누구보다 열심히 노력했다. 그런 나 자신에게 정말정말 수고했다고 말해주고 싶다. 1년 차일 때는 가슴을 졸이며 위중한 상황이 일어나지 않기만을 바랐다. 제발 힘든 상황이 나를 피해 가기를 기도했다. 그래도 만나게 되는 중증 환자들을 경험하면서 연차가 쌓이다 보니 어느 순간부터는 두렵지 않았다. 내가 만들어놓은 두려움이 깨지는 순간 그것은 아무것도 아닌 일이 되어버렸다. 내가 그렇게 성장할 수 있는 바탕에는 선배들과 교수님들께 소중한 가르침 또한 있었다.

그 이후에도 수많은 패혈증 쇼크 환자분들을 치료하며 중환자실을 지키고 저승사자와 싸우는 의사가 되었다. 주치의를 보고 있는 정규 시간이나, 야간 당직 시간이나 중증 환자가 발생하면 그 환자분 옆을 주로 지키게 된다. 다른 경미한 상황에 대해서는 업무 콜로 해결하거나 다른 동료에게 부탁한다. 그러고 한 환자만을 집중해서 보게 된다. 패혈증 쇼크가 심하여 수차례의 심폐소생술을 이미 하고 온 경우는 인공호흡기, 투석, 여러 종류의 혈관 도관 삽입을 연이어 하기도 했다. 그러면 기본 2~3시간은 훌쩍 지나가게 된다. 그 사이에 여러 업무가 쌓이고 교수님 회진을 못 돌기도 한다. 그렇게 모든 집중 치료를 퍼부은 뒤 회복되는 경과를 보이면 나의 수고가 헛되지 않았음에 행복함을 느꼈다.

내과의사가 되는 과정은 참 고단하고 험난했다. 걸어가다 자주 보이는 내과의원에 있는 수많은 내과의사들이 참 존경스러웠다. 여러 과 중에서도 내과의사는 의사 중의 의사라고 인정받는다. 모든 진료 과의 기본이 되고, 중증 환자를 보는 생명을 다룬다는 점에서 자랑스러운 진료 과이다.

내과 1년 차를 보내며 가장 존경하는 교수님께서 주신 책을 들여다보았다. 책 제목은 『곰돌이 푸, 행복한 일은 매일 있어』라는 책이었다. 교수님께서 내가 내과 레지던트를 시작할 때 주신 책이었다. 맨 앞 여백에 교수님께서 손수 써주신 글이 눈에 들어왔다. "성지야, 훌륭한 내과의사가 되기를 바란다."라고 따뜻한 한 줄이 적혀 있었다. 이 책은 곰돌이 푸의 긍정적인 마인드와 독일의 철학자 니체의 말을 덧붙여 따뜻한 조언들이 가득한 책이다. 이 책에서 곰돌이 푸가 이렇게 말해주고 있었다.

"행복을 매일 느낄 수는 없지만, 한 번의 행복이 내 삶을 의미 있게 해

줘요. 매일 즐거운 일이 생기지 않으면 인생이 재미없다고 생각하는 사람들이 있습니다. 하지만 진정한 행복을 느끼는 일은 한 번이어도 충분히 의미 있고 재미있는 인생입니다. 행복을 찾는 방법은 자신에게 그 행복한 한 번이 무엇인지를 찾아가는 과정이에요."

저승사자와 싸우는 그 무수한 시간 동안, 잘 치료받고 퇴원하는 환자분과 고맙다고 인사해주신 보호자들의 미소를 떠올리니 나의 한 번의 행복이 여기 있었음을 알 수 있었다.

03

선생님 덕분에 내가 살았습니다

의사와 환자와의 관계를 어떻게 하면 견고히 할 수 있을까? 의사와 환자 상호 관계를 잘 유지하기 위하여 양쪽 모두의 지속적인 노력이 중요하다. 의사는 실력과 인성을 갖추고 환자를 위한 최선의 진료를 펼쳐야 한다. 그리고 환자는 본인의 상태가 나아지는 방향이라면 열린 마음으로 수용하여 노력해야 한다. 이상적인 이 그림은 현실에서는 자주 찾아보기는 어렵기도 하다.

내분비내과 주치의 시절, 가끔 입원하시는 1형 당뇨 환자분이 계셨다. 그분은 큰 사업을 하시고 경제적으로 여유로운 형편이라고 하셨다. 하지만 젊은 나이에 당뇨를 진단받아 고생스러운 삶을 살아왔다고 하셨다.

그래도 환자로서 병을 받아들이고 공부하여 당뇨에 대해서는 준전문가셨다. 입원하면 보통 주치의가 환자분의 혈당에 대해서 콜을 받고 인슐린 투여 용량을 정해준다. 하지만 그분은 본인이 다 조절할 줄 알기 때문에 알아서 조절하겠다고 하는 환자분이었다. 그렇게 본인의 상태에 대해서 잘 알고 있고, 자신감 있게 의사에게 상의하고 요구하는 환자분은 처음 뵌 것 같다. 그래서 오랜 당뇨 유병 기간에도 특별히 합병증도 없고, 당 조절이 잘되고 있었다. 이 환자분은 내분비내과 담당 교수님을 전적으로 신뢰하셨다. 내가 회진 준비를 위해 환자분을 뵈러 가면, 담당 교수님 칭찬을 마르고 닳도록 하셨다.

"선생님, 제가 우리 교수님을 만난 것은 정말 행운이에요. 교수님 덕분에 제가 이렇게 잘 살고 있지 뭐예요! 교수님은 저에게 신과 같은 존재세요."

어떻게 그 정도까지 칭송을 하시는지 처음에는 잘 이해가 되지 않았다. 전공의의 입장에서는 까다롭고 요구 사항이 많은, 어려운 교수님이라고 생각했다. 하지만 환자분과의 진료 시간에는 엄청난 세심함으로 환자분의 가려운 곳을 긁어주고 따뜻하게 이끌어주시는 탁월한 분이셨다. 환자 입장을 상상해보니, 그렇게 사려 깊게 마음을 알아주는 의사를 만나면 감동의 눈물이 날 것 같았다. 교수님을 따르는 신도가 되어 동네방

네 소문을 내고 싶을 것 같다는 생각도 들었다.

의사와 환자 모두 사람이다. 병원에서 의사와 환자의 관계로 만나지만, 본질은 사람 관계라는 것이다. 의사라는 환자라는 입장을 앞세우다 보면, 본질적인 것을 놓치게 된다. 표면에서 보이는 피상적인 것도 중요하겠지만, 그 내면에 보이지 않은 마음이라는 것을 더 중요하게 여기는 자세가 필요하다. 사람 관계에서 좋은 관계를 유지하려면 상대방의 마음을 얻어야 한다. 마음을 얻기 위해서는 상대방을 감동시켜야 한다. 감동시킨다는 것은 그저 막연하게 잘해주고 친절하게 하는 것을 의미하지 않다. 그 사람의 마음을 알아주는 것. 그 사람이 원하는 것이 무엇인지 입장을 고려하고 대하는 것을 말한다. 진정성 있는 마음으로 말하고 행동해야 상대방에게 진심이 전달되는 것이다.

내과 2년 차가 되어 심장내과 주치의가 되고 에크모 환자를 담당하게 되었다. 에크모란 체외막 산소화 장치를 일컫는 의학 용어다. 이는 심장이나 폐의 기능이 떨어지는 상황에서 혈액을 빼내어 신체 밖에서 산소를 공급하여 다시 돌려보내는 장치를 말한다. 최근 코로나19 중증 환자 진료 시 에크모 치료 사례가 알려지면서 많은 분들에게 알려졌다.

내가 맡았던 환자분은 40대의 건장한 성인 남성분이었다. 급성 심근경색과 심인성 쇼크로 인해서 에크모 치료를 적용한 분이었다. 내가 심장내과로 근무가 변경되었을 때, 이전 주치의에게 인계를 받은 환자였다.

이미 한 달 정도 중환자실 집중 치료를 받고 있던 분이었다. 에크모 기계는 처음으로 보았는데 생각보다 크지는 않았지만 처음 보는 구조에 복잡함을 느꼈다. 어느 날 알림이 울려버리는 순간에는 빠르게 전문 기사를 콜하기도 하였다. 환자분은 젊은 나이답게 잘 버텨주고 계셨다. 쇼크 상태에서 혈압을 올리는 승압제 없이 혈압이 잘 유지되는지 경과를 보았다.

승압제를 천천히 줄이고 심장초음파를 보면서 환자 상태가 호전되기를 기다렸다. 환자분이 오랫동안 인공호흡기 치료를 하게 되어 목에 기관절개관을 삽입하기도 하였다. 어느 날은 환자분의 움직임이 심하여 인공호흡기와 달려 있는 에크모 관이 빠질 수 있는 위험한 상황도 있었다. 그래서 손과 발에 신체 보호대를 적용하여 어쩔 수 없이 환자분은 인공호흡기, 손과 발이 고정된 채로 오랜 시간을 보내게 되셨다.

한 달이 지나고 나서 여러 소견들이 점차 안정화되는 길로 접어들었다. 달려 있는 관들을 하나둘씩 제거하는 작업이 시작되었다. 에크모를 제거하고, 인공호흡기 치료를 중단하고 의식을 깨워 자발 호흡을 연습하였다. 다행히 환자분은 뇌 손상이 크게 없으셨고 의식이 잘 돌아왔다. 인공호흡기 치료를 하면서 환자분을 재우는 약을 썼기 때문에 환자분은 그동안 치료받은 기억은 없다고 하셨다. 중환자실의 집중 치료를 잘 마치고 일반병동에서 기운을 회복하고 재활 치료를 받으셨다. 환자분이 최종적으로 밥도 잘 먹고, 부축을 받긴 했지만 혼자서 천천히 걸을 수도 있는 수준까지 회복되셨다.

환자분을 잘 퇴원시키고, 병원 업무를 보러 외래 주변을 걷고 있는 어느 날이었다. 어떤 남자분이 나를 부르는 목소리가 들렸다.

"선생님! 저 몇 달 전에 입원 치료 받았던 OOO 환자예요. 잘 지내셨어요?"

나는 이전에 뵈었던 그 에크모 환자분임을 얼굴을 보고 바로 알아차릴 수 있었다. 몇 달이 지난 후라 환자분은 살이 좀 더 찌셨다. 그리고 기관절개관을 외래에서 제거하고 목 부위는 다 아문 상태였다. 나는 그때 환자분의 목소리를 처음 들었다. 입원 치료 당시 기관절개관을 살짝 막고 들리는 약간의 쉰 목소리만 어렴풋이 기억이 났다. 환자분은 목소리가 굉장히 좋으셨다. 멀쩡하게 혼자서 외래 진료를 보러 오신 것이 정말 신기했다.

"선생님, 그때 정말 감사드렸어요. 선생님 덕분에 제가 살았네요. 감사합니다."

"환자분 목소리를 제가 처음 듣게 되었어요! 목소리가 참 좋으세요. 잘 지내셨죠?"

환자분의 따뜻한 목소리로 감사의 인사를 받으니 정말 감동적인 순간이었다. 퇴원 이후에도 열심히 재활 치료를 받으시고 약도 잘 드신다고 하셨다. 건강하게 잘 지내시기를 응원하고 짧은 만남을 뒤로하고 헤어졌다. 살짝 눈물이 올라왔다. 중환자실 침대에 누워계셨던 중증 환자분도 누군가의 아들이자, 남편, 아빠라는 사실이 생생하게 느껴졌다. 돌아가실 뻔했던 환자분들을 살리고 일상으로 복귀하도록 돕는다는 것은 정말 엄청난 일이었다. 그저 나는 있어야 할 자리에 있었을 뿐이라고 생각했다. 그런데 돌이켜보니, 생각보다 나는 정말 훌륭한 일을 하고 있었다.

환자분들을 진료하는 뿌듯한 순간마다 의사가 되기를 참 잘했다는 생각이 들었다. 나는 의사로서의 사명감을 잊지 않고, 나에게 힘이 되어준 환자분들에 대한 고마움을 기억하고 싶었다. 소중한 기억을 따뜻한 기록으로 남기고 싶은 마음이 들었다. 그러다 보니 자연스럽게 책을 쓰고 싶다는 소망이 떠올랐다. 하지만 책을 집필하는 것은 대개 은퇴할 지긋한 나이가 되어 삶을 돌아보며 쓰는 것이라는 생각이 들어 지금의 나는 할 수 없다고 생각했다. 책을 써본 적도 없었기에 혼자서 하려니 막막하기만 했다. 그렇지만 나는 정말 절실했고, 책을 간절히 쓰고 싶었다.

책 쓰기 강의를 검색하던 중 『평범한 사람을 1개월 만에 작가로 만드는 책 쓰기 특강』이라는 책을 만나게 되었다. 이 책에서는 25년간 250권의 저서를 출간한 책 쓰기 비결이 담겨 있었다. 저자 김태광 작가님은 무일

푼에서 150억 부자가 된 분이셨고, 성공학, 책 쓰기 코칭, 출판 기획 분야의 '도사'로 불리시는 분이셨다. 김도사님이 운영하시는 〈한국책쓰기1인창업코칭협회(이하 한책협)〉에 가입하였고, 책쓰기 1일 특강을 듣게 되었다. 과정 중에 김도사님과 직접 통화하며 상담을 받기도 했다. 책 쓰기를 통해 삶을 바꿔나간 성공자와 함께할 수 있다는 것이 든든하고 가슴 뛰는 순간이었다. 그리하여 〈한책협〉 책 쓰기 과정을 신청하게 되었고, 빠르게 이 책이 탄생할 수 있었다.

나에게는 김도사님을 만난 것이 기적 같은 일이었다. 직접 만나 1:1 컨설팅도 해주셨고, 앞으로 삶을 살아가는 데 조언을 아끼지 않으셨다. 150억 부자와 만나 대화를 할 수 있다는 것도 놀랍고 감사했다. 병원과 관계된 사람들이나 가족들만 만나다가, 도전적이고 삶의 깨달음을 주는 분을 만나게 되니 참 기뻤다. 도사님은 나에게 '귀인'으로 나타나신 것 같았다. 힘든 병원 생활로 지쳐 있는 내가 삶의 활력을 되찾을 수 있도록 동기 부여와 응원을 아끼지 않으셨다. 나는 김도사님께 책 쓰기를 배우고, 책 쓰기를 시작하면서 나 자신을 있는 그대로 바라볼 수 있었다. 그리고 내가 하고 싶은 말, 어떻게 살고 싶은지 건강하게 욕망하는 것을 다시 배울 수 있었다. 책 쓰기 시간을 통해 힘들고 지쳤던 마음도 많이 치유됨을 느꼈다.

의사 생활을 하며 선생님 덕분에 치료 잘 받았다는 말 한마디면 마음에 보상이 되었다. 나는 김도사님 덕분에 아름다운 작가의 삶을 시작하게 되었다. '책 쓰는 의사'가 된 것이다. 소중한 환자분들과의 만남, 그리고 내 삶의 순간을 책으로 낼 수 있다는 것에 엄청난 감동이 밀려왔다. 의사로서 환자분을 진료하다 보면, 사람의 마인드를 바꾸는 것이 얼마나 어려운 일인지 알 수 있다. 도사님은 낡은 마인드를 고칠 수 있게 해주신 나만의 의사였던 것이다. 어떤 누구도 해줄 수 없던 것을 도와주신 분이었다. 이 글을 통해 깊은 감사의 인사를 전해드리고 싶다.

04

격리방으로 보내온 편지

2020년과 2021년은 코로나19로 전 세계가 얼어붙었다. 코로나19가 우리나라를 강타하고 나서 내과 레지던트의 일상과 병원 시스템에 대변화가 일어났다. 모든 입원환자는 코로나 검사를 시행하였고, 코로나가 의심되는 환자들은 격리병상으로 입원해야 했다. 재원 중에 외부 방문자로 인해 감염이 확인되어 코호트 격리에 들어가기도 하였다.

팬데믹 상황의 초창기의 일이었다. 코로나19에 대해서 알려진 것이 없을 때였다. 수련받고 있던 병원에서 처음으로 코로나 환자를 받기 위해 격리방을 오픈한 첫날, 나는 여전히 중환자실 당직을 서고 있었다. 그 환자분은 폐렴이 확인되어 코로나 의증으로 호흡기내과 중환자실로 입원하였다. 환자분을 보러 가는 길에 격리방에서 전화가 울렸다. 환자분이 입원하자마자 심정지 상황이 온 것이었다. 간호 인력이 많이 배치되지 않았던 상황이었다. 심폐소생술을 하고 있는 상황에서 힘겹게 당직 의사인 나한테 콜을 한 것이다. 나는 정신이 아찔해졌다. 보호구를 완벽히 착용하는 것에 많은 시간이 걸렸다. 나는 최대한 빠르게 격리방에 도착하여 심폐소생술을 이어서 시작했다. 보호복을 입는 시간이 오래 걸려 한 20분이 지나서야 심폐소생술 팀 인턴들이 들어와서 손을 바꿀 수 있었다. 나는 혼자서 심폐소생술을 하는 동안, 온몸이 땀으로 젖었고, 고글에는 김이 서려 앞이 보이지 않았다. 무엇보다도 보호복이 거센 움직임에 지퍼가 터져 있었다. 이 환자분이 코로나 환자가 맞다면 나는 초밀착 접촉자가 된 것이다.

환자분은 요양병원에서 오래 누워서 생활하시던 바짝 말라 있으신 할아버지였다. 입원하자마자 발생한 상황이라 경황이 없었다. 보호자에게 연락을 취하여 환자분 상태에 대하여 설명하였고 빠르게 내원하시도록 연락했다. 30분 이상의 심폐소생술에도 환자분은 소생되지 못하고 임종하게 되셨다. 밤에 입원한 환자의 코로나 검사는 다음 날 오후가 되어야 결과가 나오기 때문에 기다려야 했다. 입원하자마자 심정지가 발생하는 상황은 이전에도 몇 번 겪어본 적이 있었던 일이다. 여기에서 더 나아가 코로나19라는 감염병 상황을 고려해야 하는 것이 정말 곤혹스러웠다. 입원하는 환자들이 코로나 확진자라고 걱정하기 시작하면 밤에 잠을 이루기 어려울 정도로 마음이 복잡해졌다. 그러나 그 환자분은 코로나 검사 결과가 음성이어서 더 이상 걱정할 필요는 없었다.

이러한 상황을 타계하고자 내가 다니는 수련병원에서는 음압격리실을 공사하여 새로 만들었다. 일반병실 수준의 격리방이 추가로 3개 정도 신설이 되었다. 코로나가 의심되는 증상을 보이는 환자들은 이런 격리병상으로 입원하여 코로나 검사가 두 번 음성이 나오는 것을 확인하고 일반실로 이동하였다. 코로나19 증상은 비특이적인 증상이 많아서, 더 흔한 다른 원인으로 인해서도 발생한 증상과 구분할 수가 없다.

음압격리실로 입원한 환자들은 격리방으로 입원하는 것에 대해서 잘 받아들이지 못하셨다. 본인이 무슨 큰 병에 걸렸길래 이렇게 격리하느냐고 따지셨다. 격리방으로 입원하는 환자들은 그동안은 가족들을 만날 수도 없고 검사 결과가 나올 때까지는 어쩔 수 없이 격리방에 있어야 했다. 안타깝지만 철저한 관리를 위해서는 어쩔 수가 없는 상황이었다.

격리방 주치의로서 진료를 보고 있는 중에 호흡곤란으로 입원하신 50대 남자 환자분이 있었다. 환자분의 가슴 엑스레이 사진과 CT 검사 사진이 뭔가 좋지 않았다. 일반적이지 않은 폐렴의 모양이었다. 비전형적인 폐렴 증상으로 급속도로 악화되어 인공호흡기 삽관을 수일 내로 하는 경우가 종종 있었다. 그렇기 때문에 호흡이 힘들어 거칠게 숨 쉬는 환자에게도 자세히 설명하였다. 폐렴으로 인해 자발 호흡이 어려워지는 상황이 오면 인공호흡기 치료를 할 수 있다고 설명하였다. 보호자께도 전화를 드려 동일하게 설명했다. 환자분이 격리 중이라 직접 만날 수 없어 더욱 걱정이 크다고 말씀하셨다. 환자분은 인공호흡 전 단계로 적용한 옵티플로우(Optiflow)라는 산소공급장치를 적용하여 경과를 보고 있었다. 한 시간 정도 지나고, 격리방으로 보호자분이 급하게 쓴 편지가 도착해 있었다.

"OO 환자의 배우자 OOO입니다.
전화 음성으로 자세한 말씀 감사합니다.
걱정되는 마음으로 병원에서 밤을 지새우고 있습니다.
선생님께서 어떤 음식을 먹었는지도 물어보셨죠?
제가 직접 요리한 나물 반찬과 다슬기 아욱국을
며칠 전 함께 먹었습니다.
그러고는 별다른 음식은 없네요.
제가 오늘 병원에 있으려 합니다.
선생님께 잘 부탁드린다는 말밖에요.
간절히 간절히 기도하고 있을게요.
약국에서 급하게 편지 드립니다."

편지와 함께 박카스 한 박스를 보내주셨다. 편지를 읽으며 가슴이 먹먹해졌다. 초조하게 환자분을 위해 기도하고 있을 아내분이 그려졌다. 걱정되는 심정이 편지에 가득 담겨 있었다. 다행히 환자분은 더 이상의 악화는 보이지 않았고, 코로나 검사도 2회 음성이 나와서 일반병동에서 치료를 잘 이어나갔고, 한 달 후 건강하게 퇴원하셨다.

나는 보호자가 보낸 다급한 편지를 처음 받아보았다. 나는 일상적으로 환자 상태 설명을 한 것이었다. 편지를 읽으며 그런 상황을 처음 겪는 환자와 보호자의 입장으로 생각해볼 수 있었다. 당황스럽고 어떻게 될지 알 수 없어 막막하고 절망스러운 심정일 것 같다. 내가 실제 그런 상황을 겪어보지는 않았지만 전달되는 감정을 조심스럽게 느껴볼 수 있었다. 그분들의 마음을 다 알아주지 못하여 죄송스러운 마음도 들었다.

코로나19 이전에도 격리하는 경우는 흔하게 있었다. 접촉격리, 비말격리, 공기매개격리 등의 감염 질환에 따라 격리하게 되었다. 코로나19 팬데믹 상황에서 자가격리부터 시작하여, 코호트 격리, 음압병실에서의 격리 등 새로운 상황들이 펼치게 되었다. 초반에 코로나19가 잘 알려져 있지 않을 때, 환자와 보호자, 의료진 모두 두려움에 사로잡히는 모습을 보게 되었다. 거리두기를 하며 몸이 멀어지니 마음도 멀어지는 느낌이 들어 우울감을 호소하는 사람들이 많다. 나 또한 그 두려움과 불안을 피해갈 수 없었다. 나는 평소 편도가 잘 붓고 비염으로 콧물 증상이 종종 있다. 이런 증상이 생기면 나도 코로나 환자가 된 것이 아닌지 무척 염려한 적도 있었다.

새로운 감염병은 우리의 일상을 순식간에 새롭게 뒤바꾸어놓았다. 마스크를 착용하는 생활이 너무나도 자연스럽게 될 줄이야 상상하지 못했다. 모든 공식적인 모임은 잠정 중단되었고, 모임들이 비대면 화상으로 이루어졌다. 그 외에도 수많은 산업, 경제, 정치, 문화, 예술 모든 분야에 엄청난 영향을 미치게 되었다. 살아가면서 우리는 전혀 경험해보지 못한 새로운 순간을 직면한다. 위기를 기회로 바꾸는 정신이 있었기에 인류는 이렇게 성장할 수 있지 않았는가 생각한다.

이렇게 맞이한 절체절명의 위기가 새로운 도약의 발판이 되리라 믿는다. 그리고 위기를 잘 극복하여 마스크를 하루빨리 벗게 될 날을 상상하며 기다려본다. 이 기회를 통해 사람들의 의식이 성장하고, 잊고 있었던 소중한 가치를 되돌아보는 시간이 되기를 바란다.

"단순히 내가 잃어버릴까 봐 두려워했기 때문에 잃어버린 것들이 얼마나 많은가."라고 파울로 코엘료는 말했다. 두려운 상황에서 조용히 내면에 집중해보자. 내면의 고요함 가운데 두려움의 이면에 있는 사랑, 희망, 용기라는 긍정적인 에너지가 있다. 내면의 빛을 따라가다 보면 어느 순간 내가 만들어놓은 허상이라는 것을 발견하게 된다.

다급하게 수첩 한쪽을 찢어 그 위에 정성껏 써서 격리방으로 보내온 편지. 편지 내용을 잊지 않으려고 사진으로 촬영하여 소장하고 있다. 생각날 때마다 보호자분이 보내온 편지를 들춰보았다. 그때 겪었던 상황과 감정이 생생하게 느껴진다. 우리는 모든 것이 무너질 것 같은 두려운 상황에서도 희망을 용기로 바꾸어야 한다. 상황을 부정적으로 바라보는 시선에서 기회와 희망을 찾으려는 긍정적인 노력을 해나간다면 이 위기는 어느 순간 꿈처럼 사라져 있을 것이다.

05

울고 싶지만 울 시간은 없다

나는 어릴 때부터 눈물이 많았다. 어린 시절 너무 자주 우는 것으로 아빠한테 혼났다. 아빠는 우는 것이 세상에서 제일 싫다고 하셨다. 나약하게 울지 말고 씩씩하게 강해지라고 말씀하셨다. 나는 어릴 때부터 새가슴이었다. 예민하고 쉽게 놀랐던 것 같다. 감정의 표현을 말로 하기보다는 눈물로 표현하게 되었다. 우는 것이 습관이 되어서 성인이 되어서도 가끔 울었다. 다행히도 스무 살이 넘어서는 울 일이 그렇게 많지는 않았다.

내과 레지던트 1년 차 때 당직이 너무 힘들어서 잠깐 침대에 눕는 시간이 오면 괴로움에 울고 싶은 마음이 한가득 들었다. 내가 지금 여기서 무엇을 하고 있나 싶은 생각이 들며, 울고 싶은 마음이 한가득 올라왔다. 울려고 한껏 슬픈 생각으로 가득 찬 그 순간, 어김없이 전화기 벨이 울렸다. 새로 환자가 입원했다는 콜이었다. 당직에 쉴 새 없이 울리는 업무 콜은 나에게 울 시간을 단 1초도 주지 않았다. 새로 환자가 입원하면 꼭 환자를 보고 진찰을 한 다음에 처방을 내야 한다. 입원하자마자 필요한 처치가 있을 수 있으니 늦지 않게 가야 한다. 울고 싶은 상황인데 새로 입원한 환자를 보기 위해 슬픔을 다시 완전히 덮어두고 침대에서 몸을 일으켰다. 그렇게 한바탕 당직 일을 바쁘게 하고 나면, 떠올랐던 슬픔은 잊혀진 채로 아침을 맞이했다.

당직을 설 때마다 속상했던 감정들을 억누르게 되었다. 감정을 계속 억누르게 되면 그것이 배출되지 못하고 무의식적인 부분에 쌓인다고 한다. 그렇게 되면 긍정적인 감정, 부정적인 감정 모두 숨어버려 감정을 제대로 표현하지 못하는 불상사가 발생한다. 그러다 보니 작은 상황에도 쉽게 눈물을 터트리는 내면의 어린아이가 나오게 되었다. 어린아이가 울면 주변 어른들은 사탕도 주고 달래준다. 하지만 다 큰 어른이 어린아이와 같이 울면 나이에 맞지 않은 어리숙한 행동이라고 비난을 받는다. 오히려 지금 성인이 된 지금이 나보다 어릴 때의 내가 더 성숙했던 것 같다. 어릴 때의 나는 어른에 대해서 생각했다. 나이가 들어도 어른스럽지 못한 사람들을 보면서 생각했다. '나이가 든다고 다 어른이 되는 것이 아니구나. 어린이들보다도 못한 어른들이 왜 이렇게 많은 거야?'라고 생각했다. 나는 어른다운 어른이 되어야겠다고 늘 다짐했었다. 그런데 막상 어른이 되어보니 어린 시절 내가 이상하다고 생각했던 그 어른 같지 않은 어른이 되어 있었다.

어떻게 어른이 되는 걸까? 시련과 고통은 사람을 성장시킨다고 하던데, 왜 나는 더욱 움츠러들고 눈물이 많아진 걸까? 마음처럼 씩씩한 어른이 되지 못한 것 같아 속상했다. 나는 왜 멘탈이 약할까 하는 자책만 할 뿐이었다. 이렇게 된 이유에 대해서, 곰곰이 생각해보았다. 자주 힘들어지는 데는 이유가 있으리라 생각했다. 감정이 올라오는 것은 그에 대해 무의식적으로 억눌리고 무시당했던 나의 감정이 반응하기 때문이다. 모든 상황 속에서 나의 생각과 감정을 알아차리고 인정해주지 못했다는 것을 깨달았다. 스무 살이 되고 의과대학 6년과, 인턴, 레지던트 4년, 10년 동안 나는 나 자신을 잘 돌아보지 못했다. 나는 살면서 나 자신을 온전히 소중히 여기지 못했다. 나 자신을 스스로 변호하고, 똑 부러지게 할 말을 하지 못하고 속으로 삭였다. 내가 손해를 보더라도 갈등 상황이 싫으니까 그저 조용히 지나갔다. 그런 성격과 습관이 나의 감정을 깊은 마음속 어딘가에 숨겨버린 것이다.

의과대학 1학년에 갓 입학했을 때이다. 그때 나는 시골 감성을 나름 유지하고 있던 순수한 아이였다. 성격이 쾌활하고 재미있는 친구들은 내가 잘 웃는 것을 보고 리액션이 좋다고 칭찬해주었다. 나는 정말 그 친구들이 재미있고, 진심으로 웃겨서 자주 웃음이 나왔다. 그런 시간이 반복되자, 어떤 한 동기가 나한테 이런 질문을 했다. "너는 왜 그렇게 웃음이 헤프니? 그런 생각 안 해봤어?"라고 말했다. 나는 그 말을 듣고 충격에 빠졌다. 나는 순순하게 재밌어서 웃음으로 반응을 했던 것이었다. 그 이후부터 나는 화가 나서 잘 웃지 않기 시작하고 잘 반응해주지 않았다. 나의 순순한 마음이 거절당했다고 생각하니 불쾌하고 기분이 나빴다. 지금 생각해보면 그때 들었던 모든 생각을 말로 잘 전달하면 될 일이었다. 웃으면 복이 온다는데, 굳이 웃음을 버려가면서 가치 없는 말에 반응할 필요가 있었을까 싶다.

공부뿐만 아니라 일을 하며, 인생을 살면서 감정 연습이 정말 중요한 것임을 깨달았다. 의사고시와 전문의 시험, 분과 전문의 시험 등 의사에 있어서 굵직한 시험을 지나면 그 이후로는 시험은 크게 없다. 중요한 시험이 지나가면 공부와 자기 계발이 뒷전이 되기도 한다. 또한 새로운 삶의 현장에서 고군분투하며 모두가 살아가게 된다. 내가 생각했던 멋진 의사의 삶과는 거리가 있었다. 의사가 된다고 모든 문제가 해결되는 것은 결코 아니었다.

나는 의과대학 6년의 인고의 시간을 보내면서 빨리 의사가 되고 싶었다. 의사가 되어 빨리 월급도 벌고, 환자들을 진료하며 멋있는 삶을 살고 싶었다. 물론 의사가 되고 나서 참 뿌듯하고 보람찬 순간들이 많았다. 그러나 인생은 산 넘어 산이라는 말처럼, 더 큰 산이 눈앞에 놓여 있는 것을 목격하니 한숨이 푹푹 나왔다.

인턴, 레지던트 생활 동안 나는 아무렇지 않게 능숙하게 척척 일에 대처해나갔다. 어느 순간부터는 눈물이 마르고 잘 나오지 않았다. 혼자 있는 시간은 공허한 마음에 재미있는 텔레비전 프로그램을 보며 현실을 잊으려고 했다. 어느 날 문득 나의 이런 모습을 보고 신호등에 빨간불이 들어온 것 같은 이미지가 그려졌다. 이제는 달리는 것을 좀 멈추고 나를 돌아보아야겠다는 생각이 들었다.

지금까지 나는 모든 나의 감정을 꾹꾹 참거나, 무시하며 지내왔다. 그렇게 하는 것이 생활하기에 편했다. 그렇게 하다 보니 쉽게 지치고 감정이 주체되지 않을 때가 종종 있었다. 이제는 잠깐 쉬어갈 때가 왔다는 것을 인지하게 되었다. 내 마음에 관심을 갖기 시작하며 나는 조금씩 달라지기 시작했다. 아무리 바쁜 상황 속에서도 나를 지키고 잃지 않기 위해서 나만의 행동 수칙을 세웠다.

첫 번째로 나에게 질문을 해보는 것이었다. 어떤 상황이 펼쳐지고 난 후에 가장 먼저 나 자신에게 어떻게 생각하는지 묻는 것이다. 다른 사람이 바라는 것에 무조건 따라가지 않고 멈추어 서기 시작했다. '너는 지금 어떤 생각이 들어?', '이 상황에 대해서 어떻게 느꼈니?', '그렇다면 네가 어떻게 하고 싶은 거야?'라는 질문을 해보았다. 혼잣말하면서 나 자신에게 물어보았다. 누가 보면 정신과 환자인가 착각할 수도 있겠지만, 이제부터는 나에게는 나 자신이 가장 중요한 존재라고 정의를 새롭게 내렸다. 나의 기분을 좋게 만들고, 부정적인 감정들은 빠르게 해소하고자 선택한 방법이었다.

두 번째는 마음의 근육을 단련하는 의식 도서를 읽는 것이었다. 시집도 좋고, 마음을 관리하는 데 도움이 되는 책을 읽으면서 필사를 하기 시작했다. 아침마다 20분 정도를 투자하여 좋은 글귀를 읽고 쓰면서 마음에 새겼다. 그렇게 하다 보니 아침을 이전보다는 더 행복하게 시작할 수 있었다.

마지막 세 번째는 감정이 올라올 때 나의 모습을 돌아보는 훈련을 하는 것이다. 깊은 심호흡을 하면서 부정적인 생각과 감정을 내보내려고 의식적으로 노력한다. 그런 후 내가 감정적으로 반응한 상황을 통해 내 모습을 돌아보았다. 예를 들어 나에 대해서 지나치게 걱정하는 가족의 잔소리를 듣고 화가 나고 짜증이 난 상황이 있었다. 가족들의 잔소리가 듣기 싫고 나의 삶에 간섭하는 것 같아서 기분이 나쁜 적이 있었다. 이런 상황에서 내가 화났던 감정을 깊이 들여다보는 연습을 해보았다. '내가 왜 이 상황에서 기분이 나쁘다고 느끼지?', '이 감정을 느끼게 하는 내 안의 믿음은 무엇인가?', '그것은 과연 진실된 사실이 맞는가?' 계속 파고들면서 객관적으로 바라보는 시간을 가졌다. 그렇게 하다 보니 널뛰는 감정을 제어하고 마음이 평화를 찾아나가기 시작했다.

의사도 지속적으로 자기계발을 해야 한다. 학부 때 시험공부를 하고, 논문을 연구하는 것보다 더 치열하게 마음을 공부해야 한다고 생각한다. 그저 남들의 인정을 받는 데 혈안이 되어 있고, 이 한 몸 잘 먹고 살려고만 살아간다면 의사로서의 삶이 아깝다. 의식의 수준을 높이고 의사로서의 삶을 잘 살아내고자 새로운 노력을 펼쳐야 한다. 울고 싶어도 울 수 없었던 그 시간을 잊지 말자. 나 자신을 잘 돌보는 연습을 해야 한다. 그래야 주변에서 만나는 모든 사람들과 행복한 삶을 살아갈 수 있다.

06

선생님,
환자분이 사라지셨어요

내가 유독 자주 겪었던 상황이 또 있었다. 환자분들이 '탈원'하는 상황이었다. 환자분이 임의로 병원을 벗어나게 되는 일이다. 내가 주치의를 보던 환자뿐만 아니라 당직을 보던 상황에서도 종종 일어났다. 주로 말을 잘 안 듣고 제멋대로 행동하는 고집불통 환자들이었다. 정말 급한 일이 발생하면 잘 상의하여 외출증을 신청하고 다녀오시도록 한다. 하지만 무단으로 탈원하는 분들은 대개 이유가 '술'이었다. 병원 안에서는 술과 담배가 금지되기 때문에 알코올 의존이 있는 환자분들은 참지 못하는 상황이 발생하게 된다. 입원 치료를 받아야 하는 상태의 환자분이 나가서 어떤 위험 상황에 펼쳐질지 아무도 모른다. 그렇기 때문에 다급하게 환자분을 찾고 안 되면, 보호자에게 연락을 취한다. 돌아오시지 않으면 탈원 처리를 하고 입원 치료가 제한될 수 있음을 설명해드린다. 계속 환자분을 찾기 어려운 경우에는 경찰에도 연락해야 하는 상황도 펼쳐질 수 있다. 치료에 협조하여 치료 환경을 잘 유지해야 의사도 환자도 서로 상생할 수 있다.

나는 반복적으로 탈원하는 환자분을 주치의로 본 적이 있다. 그분은 소화기내과에서 알코올 췌장염으로 자주 입원하였다. 그리고 췌장 기능의 손상으로 당뇨와 당뇨 합병증도 진단받아 내분비내과에도 자주 입원하셨다. 소화기내과 근무 중에도 여러 번 만나고, 내분비내과 근무 중에도 또 마주치게 되었다. 환자분과 이야기를 나눠보면 특별히 불만이 없고, 잘 협조하겠다고 말씀하셨다.

하지만 의사가 보이지 않는 야간에는 담당 간호사 몰래 밖에 나가서 술을 자주 드셨다. 여러 번 술을 드시고 다시 병원으로 돌아오시는 것에 대해서 강하게 말을 했다. 하지만 환자에게 이렇게 윽박질러도 되는 거냐고 도리어 보호자와 함께 화를 내었다. 반복되는 설명에 나도 지치고, 설득할 수 없어 교수님께서 나서서 강하게 여러 번 말씀하셨다. 하지만 알코올 의존증이 심한 상태라 잘 해결이 되지 않았다.

환자분이 사라졌다는 소식에 어떤 콜보다 마음이 철렁 내려앉았다. 환자분에게 무슨 일이 생기지 않을지 걱정도 되고 불안한 마음이 당연히 올라온다. 다행히 여러 명의 탈원한 환자분들은 특별히 위험한 상황이 일어나지 않고 모두 잘 돌아오시긴 했다.

모든 사람들이 하는 행동에는 이유가 있다는 것을 잘 안다. 겉으로 드러나지 않는 이유라면 무의식적으로 깊이 내재된 사고나 감정에 기인하기도 한다. 처음에는 환자분들을 이해할 수 없고, 화가 났다. 겉으로 드러난 문제 상황만 보다 보니 나 또한 스트레스를 많이 받게 되었다. 한 걸음 물러서서 그 환자분이 왜 저렇게 행동할 수밖에 없었는지 생각해본다면 이야기가 달라졌다. 막무가내로 환자분에게 따지게 되면 환자분의 마음은 더 깊이 숨어버린다. 감정의 골이 깊어지고 큰 싸움으로도 번질 수 있다. 그보다는 조용하게 그 이유와 환자분의 내면에 대해서 더 깊이 물어볼 수 있는 깨어 있는 사람이 되고 싶었다.

전공의 생활 중 가장 당황스러웠던 일화가 있다. 그동안 환자분이 탈원하여 잠시 사라지는 경험은 많이 해봤지만, 하지만 중환자실이라면 이야기가 달라진다. 중환자실에서는 환자가 사라질 일은 상태가 좋아져서 일반병실로 전실하거나 하늘로 돌아가시는 일 둘 중 하나이다. 중환자실 당직을 서던 어느 날 밤이었다. 알코올 섬망 증상으로 중환자실에서 경과 관찰을 하던 환자였다. 밤 10시쯤 되었을까, 중환자실에서 콜이 왔다.

"선생님, 여기 내과계 중환자실인데요, OO 환자분이 사라지셨어요!"
"환자분이 사라지다니요? 말이 안 되잖아요?!"

나는 놀라움을 금치 못했다. 중환자실에서는 보통 제대로 걸을 수 있는 분들은 많지 않다. 떨어지거나 주삿바늘이 빠지지 않도록 신체 보호대로 보통 손이나 발을 고정하게 된다. 그런데 어떻게 환자분이 사라졌다는 것인가. 정말 최고로 당황했던 콜이었다. 발에 불이 나도록 빠르게 중환자실로 달려갔다. 달려갔더니 여러 중환자실 간호사 선생님들과 시설 팀 직원, 보안 팀원들이 여럿 모여 있었다.

"선생님, 도대체 어떻게 된 상황이에요?"
"환자분이… 환자분이…."

모두들 눈이 휘둥그렇게 뜬 눈으로 천장을 바라보고 있었다. 환자분이 있었던 공간은 중환자실 구석에 있던 격리방이었다. 격리방 앞에는 물품을 쌓아두는 창고로 쓰는 작은 방이 있었다. 환자는 알코올 섬망 증상으로 신체 보호대를 제거했고, 물품 박스가 쌓인 방으로 걸어 나온 것이다. 그것을 밟고 올라가 천장을 뜯어서 그 안으로 들어가 있었던 것이다! 어떤 괴력이 나왔는지, 어떻게 천장 구조물을 뚫고 위로 갈 수 있었는지 정말 미스터리한 상황이었다. 그때 중환자실에 있던 간호사 선생님들은 특별히 환자 쪽에서 인기척을 듣지 못했다고 말했다. 다른 환자를 처치하고 라운딩을 돌던 중에 환자가 사라진 것을 발견하게 된 것이었다. 아마도 상황이 눈 깜짝할 사이에 전개된 것으로 보였다.

중환자실 간호사 선생님들은 작은 환자 상태 변화에 민감하고 격리방에는 CCTV 카메라가 있어 중앙 컴퓨터에서도 보이기에 사태를 빨리 감지할 수 있었다. 다행히 환자분은 다친 곳도 없고 의식 변화도 없었다. 시설 팀도 망가진 벽을 더 튼튼하게 정비하고, 보안 팀은 환자분을 안전하게 잘 내려오도록 했다. 그 일 이후 해당 환자는 중환자실에서 가장 넓은 곳의 중앙에 놓인 침대로 자리를 바꾸게 되었다. 모든 의료진의 집중 감찰 대상이 되었다. 다음 날 아침 환자의 의식을 확인해보니 알코올 섬망 증상이 많이 호전된 상태였다. 본인이 어제 했던 일이 기억 나냐고 물었지만, 무슨 일이 있었는지 모르겠다고 태평한 모습을 보였다. 기억을 하는데 숨기시는 건지 모르겠지만 정말 잊지 못할 순간이었다.

이렇게 야간 당직 중 한바탕 소동이 끝나고, 다음 날은 이날 밤의 에피소드로 중환자실이 떠들썩했다. 정말 알코올 의존 환자분들을 보는 것은 심장 떨리는 일이었다. 탈원 상황을 자주 겪는 나였지만, 이런 상황은 처음 겪는 일이었다. 특별한 문제 상황으로 번지지 않은 것으로 마음을 애써 달랬다. 다음 날 이 상황을 아침 회진 시간에 교수님께 전달해드렸다.

교수님도 처음 겪는 일이라고 하면서 가슴을 쓸어내리셨다.

학생 때는 병원을 바라보면 그냥 병원 건물이 있구나 하고 생각했다. 조용한 느낌의 병원 주변은 산책하기 좋았다. 그러나 의사가 되어 병원 일을 시작해보니 조용한 건물 속에서는 정말 수많은 복잡한 일들이 전쟁 같이 일어나고 있음을 알게 되었다.

병원에서 일하며 짧은 시간에 인생에서 겪을 수 있는 다양한 상황을 배운 것 같다. 앞으로 경험해야 할 일들이 더 많이 남았겠지만, 전공의 생활사는 정말 파란만장했다. 불가항력적인 일들에 대해서 받아들이는 훈련도 하게 되었다. 내 힘으로 제어할 수 없는 수많은 일들에 대해서 무거운 죄책감이나 책임감은 조금 내려놓게 되었다. 나는 성격이 완벽주의라 나의 통제 아래 놓인 것에서 안정을 느꼈다. 그러나 내가 통제할 수 없는 상황이 더 많다는 것을 병원 생활을 통해 깨닫고 받아들이게 되었다. 완벽하게 하면 할수록 완벽하지 못한 상황이 펼쳐지는 듯했다. 자연스럽게 일어나는 모든 일에 대해서 받아들일 여유가 필요했다. 가끔은 병원 일로 너무 힘들 때는 탈원하는 환자분들이 떠올랐다. '그분들도 병원에 있는 것이 힘들었나 보다….'라는 생각과 함께 그 순간 마음이라도 잠깐 탈원을 하고 돌아오기를 반복했다. 탈원하는 환자분들만 병원을 벗어나고 싶은 게 아니라, 가끔은 의사도 병원을 벗어나고 싶은 마음이 든다. 에너지가 고갈되고 지치지 않게 그때마다 나의 마음을 알아주는 것이 필요하다. 다른 사람에게 물어봤자 그것은 상대의 생각에 불과하다. 나는 병원 라이프에 대해서 어떻게 생각하고 느끼는지 충분히 알아주어야 한다. 보이는 행동은 보이지 않는 생각으로 인해서 일어나기 때문이다. 그래야 탈원하는 환자들을 바라볼 때도, 조금은 이해할 수 있는 사람이 될 수 있을 것이다.

07

죽음에 차갑게 익숙해진 순간

"선생님, OO 환자 플랫(flat) 되셨어요."

"네, 지금 갈게요."

임종을 기다리고 있는 상황에서 받는 병동 콜 내용이다. 플랫(flat)이라는 것은 심장이 더 이상 박동하지 않고 정지하여 심전도가 일직선이 되었다는 뜻이다. 환자분이 돌아가시게 되면 의사는 환자의 동공반사와 심음을 확인한다. 그리고 임종하셨음을 확인하고 가족들이 다 모이면, 사망선고를 내린다.

"OO시 OO분, OOO님 사망하셨습니다."라고 짧고 내뱉는다. 환자분과의 마지막을 차가운 이 한마디로 마무리 짓는다. 의사의 사망 선고에 가족들은 고인이 된 환자의 죽음에 확실하게 직면하게 된다. 한 삶의 죽음 앞에서, 가족들의 눈물바다 속에서 마음이 둥둥 울리고 힘이 쫘악 빠진다.

함께 일하는 동료들과 이야기를 나누다가, 서로 심혈을 기울여 보았던 환자분의 사망 소식을 종종 듣게 된다. 환자의 입원 당시 보았던 주치의, 안정기를 보았던 주치의, 사망했을 때 보았던 주치의 등 같은 환자를 다른 상태에서 돌보기도 했다. 환자분과의 추억을 서로 이야기하며 안타까움이 번졌다. 자주 입원과 퇴원을 반복하는 분들과 위중한 사건이 있었던 환자분들이 기억에 남았다. 생명을 다루는 의사들이지만, 어쩔 수 없는 죽음 앞에서는 다들 숙연해진다. "정말 사람 일은 모르는 것 같아.", "죽음에는 순서가 없다는 말이 맞는 것 같기도 하다." 등 죽음 앞에서 같은 사람으로서 고개를 숙인다.

의과대학 2학년 시절 해부학 실습 시간은 정말 강렬했다. 실습을 시작하며 신체를 기증해주신 고인에 대한 묵념으로 시작했다. 고인의 숭고한 정신에 감사하고 기리는 시간이었다. 향초를 피우고 환자분들이 생전에 신체 기증을 하기 전 남긴 편지도 교수님께서 읽어주셨다. 훌륭한 의사가 되어 많은 환자들을 살리는 데 도움이 되었으면 하는 바람이 담겨 있었다. 뭔가 뭉클하고 슬픈 감정이 들었다.

실습 시간에 처음으로 죽은 사람의 신체를 보게 되었다. 혈액이 다 빠져나가고 뼈와 고형 성분만 남아 있는 상태여서 사람이라는 느낌이 크게 들지 않았다. 실습 조마다 배정된 카데바(해부용 시체를 가리키는 의학 용어)로 복부 내부의 장기를 관찰하는 시간이었다. 제일 눈에 들어 온 것이 '간'이었다. 고인의 간에는 울퉁불퉁한 종양 같은 덩어리가 있었다. '간암을 앓으셨던 분이었나 보다….'라는 생각이 들어서 생전에 어떤 삶을 살아가셨을지 궁금했다. 해부학을 공부하면서 외울 것이 너무나도 많아서 버겁게 느껴지기만 했다. 하지만 카데바 실습을 하면서 마음도 숙연해지고 의사가 된다는 것이 생생하게 다가왔다.

의과대학 학생 시절에 카데바로 죽은 시신을 처음 보고 난 이후로, 의사가 되니 임종기의 신체 변화를 가까이서 보게 되었다. 보통 임종기에 접어들면 사람의 의식은 꺼라져 있다. 불러도 대답이 없고 강한 자극에도 크게 반응하지 않는다. 심장박동과 호흡이 얕아지게 되고 얼굴에 핏기가 사라지기 시작한다. 이후 심장박동이 최종적으로 멈추게 되면 육체는 파랗게 변하고 차가워진다.

많은 환자분들이 돌아가시는 모습을 지켜보면서, 나는 죽음이 일상이 되었다. 혈액종양내과 근무를 하는 중, 하루에 5명까지 사망 선언을 한 적이 있었다. 아침부터 퇴근할 때까지 임종을 기다리고 있는 말기 암 환자분들이었다. 모두 '연명치료 원치 않음에 대한 동의서'가 작성된 상태였고, 가족들이 곁을 지키고 있었다. 하루에 여러 명의 환자들이 임종하시니 정신이 없었다. 병동 여기저기에서 환자분이 사망하였다는 콜이 계속 왔다. 다섯 환자분의 사망 선언을 내리고, 처방을 정리하고, 사망 진단서를 작성했다. 사망으로 인한 퇴원을 처리하는 짧은 시간 동안 슬픈 울음소리가 병동을 울렸다. 지나가는 다른 병실의 환자나 보호자들은 안타까운 얼굴로 조심스레 쳐다보며 지나갔다. 말기 암 환자들이 차례로 세상을 떠나가는 모습을 보다 보니, 죽음이라는 것이 익숙해지기 시작했다.

가족들이 가끔 나를 이해해주지 못할 때, 이런 말을 한 적이 있었다. "일주일에 몇 번씩 임종하시는 분들을 보는데, 제가 힘들지 않겠어요?" 라고 힘든 내색을 내비친 적이 있었다. 죽음에 대하여 의사라면, 그리고 내과 레지던트라면 더 자주 맞이하게 되는 숙명이지만, 죽음을 지켜보는 마음은 좋을 수는 없었다. 죽음에 대해 겉으로는 차갑게 익숙해져갔지만, 마음을 숨길 수는 없었다.

많은 죽음과 가족들의 반응을 지켜보면서, 죽음을 잘 받아들이고 준비하는 과정이 필요함을 느꼈다. 이대로 영영 이별한다는 생각에 가슴이 무너져내리는 모습을 많이 지켜보았다. 우리는 어떻게 삶을 살아갈지에 집중하고 지낸다. 하지만 어떻게 죽을까에 대해서는 그만큼 고민하지 않는다. 죽음을 앞두고 어떤 삶이 만족스러운 삶이었는지, 가족들에게 어떤 말을 하고 싶은지, 어떤 마음인지. 죽음을 준비할 수 있는 시간이 있다면 인생에서 중요한 질문에 대해서 답해보는 것이 의미 있지 않을까. 만약 죽음 이후의 삶이 있다면, 그리고 다시 만날 수 있다면 어떨까?

나는 주치의를 보며 환자와 가족들이 죽음을 받아들이고 준비할 수 있는 시간을 잘 보내기를 바랐다. 환자분의 상태가 악화되는 추세라면 가족들과의 면담 시간을 길게 잡았다. 임종이 오게 된다면, 연명치료 진행에 대해 상의도 하였다. 말기의 환자분이라면 연명치료에 대해서 적극적으로 권유하지 않았다. 환자와 가족들 모두 마지막까지 힘든 시간을 보내고, 제대로 손 한번 못 잡아보고 이별하는 경우가 많았기 때문이다. 울컥하는 보호자분들이 많이 계셨다. 환자의 죽음에 대하여 터놓고 이야기를 나눈다는 것이 쉬운 일이 아니라는 것을 잘 알고 있었다.

『차가운 의학, 따뜻한 의사』의 저자인 내과의사 사벳은 "좋은 의학은 우연히 일어나는 것이 아니라 사려 깊게 계획되고 실행되는 것이다."라고 말한다. 의사와 환자의 관계뿐 아니라 의학의 모든 면에는 인본주의적인 측면이 있음을 설명한다. 이 책에서는 진정한 의사의 의미와 진정한 환자의 의미에 대하여 언급하고 있다. 의과대학 1학년 때 의료인문학 수업 시간에 읽었던 책이다. 의사가 되어 다시 읽어보니 새롭게 와닿는 내용이 많았다.

의료의 현장에서 매일 마주하는 죽음에 대하여 제대로 된 고찰이 필요하다. 쉴 틈 없이 돌아가는 바쁜 현대 사회에서 죽음에 대해 괴로운 삶의 종착지라고 생각하면 절망스럽다. 환자와 가족들의 절망과 슬픔, 단절의 상황에서 의학적으로는 차가울 수밖에 없다. 의사이기 전에 같은 인간으로서 따뜻하고 선량한 마음으로 바라볼 필요가 있다. 그 순간 진정으로 따뜻하게 죽음을 바라볼 수 있지 않을까 생각한다. 모든 사람은 태어나서 늙고 병들고 죽는다. 죽음은 모든 사람 앞에 정해진 운명과도 같다. 육신이라는 옷이 낡으면 여기저기에서 고장이 나게 된다. 어쩔 수 없는 운명에 대하여 우리 모두가 담대하게 받아들일 용기만 있으면 된다.

나의 가족들은 건강하게 잘 지내고 계신다. 병원에 가면 지병으로 아프신 분들 천지인데, 나의 가족들은 모두 건강하게 지내시는 것에 참 감사하다. 가족들께도 의사 생활을 하면서 우리 가족들은 정말 건강한 편이라고 늘 말씀드리게 되었다. 하지만 집안 어른들과도 언젠가는 죽음 앞에서 이별하는 시간이 다가올 것이다.

어린 시절 나는 이별이라는 단어를 생각하면 가슴이 아프고 눈물이 뚝뚝 떨어졌다. 이별 노래를 들으면서 슬픈 감정에 빠져들곤 했었다. 친밀한 가족이 돌아가시면 나는 어떻게 느낄까 상상할 수가 없고 상상하기도 싫었다. 이제는 어엿한 의사로서, 그리고 죽음을 일상적으로 보았던 사람으로서 다르게 바라보게 되었다.

병원에서 의사로 살아가면서 많은 죽음을 보았고, 죽음에 대해서 고민했다. 죽음은 괴롭고 고통스러운 것이라고 정의를 내렸던 생각을 내려놓고자 한다. 죽음은 마냥 싫었고, 이에 대해 차갑게 외면했던 마음에서 이제 조금씩 죽음을 따뜻하게 바라보기 시작했다.

"극과 극은 통한다."라는 말처럼 죽음은 또 다른 시작을 의미할 테니.

08

나쁜 소식을 전할 때 나는 죄인이 된다

의과대학 수업 중에 '나쁜 소식 전하기'에 대한 수업이 있었다. 종양내과 수업의 일환이었다. '나쁜 소식 전하기'는 의사 국가고시 실기 시험 항목에도 들어 있는 중요한 내용이다. 당시 수업을 진행해주신 종양내과 교수님께서는 특별한 과제를 내어주셨다. 조별로 나쁜 소식을 전하는 상황으로 의사, 환자, 보호자 역할극을 해보는 것이었다. 이를 동영상으로 촬영하여 과제로 제출하라고 하셨다. '나쁜 소식 전하기'의 실제 상황을 연습하기 위한 과제였다. 암의 첫 진단, 암의 진행, 암의 재발, 치료 중단 상의, 연명치료 상의 등 여러 사례를 조별로 맡았다.

의과대학에 입학 후, 시험으로 바쁜 일상을 보냈다. 나는 어떤 의사가 될 것인가 스스로 질문해볼 여유는 없었다. '나쁜 소식 전하기' 과제를 하면서 그 질문에 대답해보는 시간을 보낼 수 있었다. 역할극을 하는 것이 처음에는 어색했지만, 실제 상황이라고 생각하며 연습하는 마음으로 임했다. 우리 조는 대장암의 다발성 전이를 진단받은 환자가 연명치료 중단을 의사와 상담하는 사례였다. 좋은 의사, 나쁜 의사의 설정을 두고 진료실 풍경을 영상에 담았다.

내가 맡은 역할은 암을 진단받은 환자의 아내, 즉 보호자 역할이었다. 의사와 환자 관계 사이에 보호자라는 존재가 있다. 공동체 의식이 강한 우리나라에서는 보호자는 중요한 역할을 한다. 환자분이 고령일수록, 보호자들의 의견에 따라 검사나 치료의 방향을 결정하기도 한다. 처음에는 의사 역할을 맡은 것이 아니라서 별로 대수롭지 않게 생각했다. 하지만 의사 외의 역할을 해보니 또 다른 무거움을 느꼈다. 보호자의 입장일 때의 감정에 몰입해보니, 순간적으로 가슴이 저린 듯 아팠다. 환자뿐만 아니라 환자의 가족들 또한 위로가 필요한 존재임을 느낄 수 있었다. 역할극에 지나지 않았지만, 앞으로 나는 어떤 의사로 환자와 보호자에게 다가갈 것인가 고민해보았다. 그들에게 필요한 의학적 도움과 위로를 모두 주는 의사가 되겠다고 결심하였다.

의사가 되어보니, 동기들과 역할극으로 했던 '나쁜 소식 전하기'가 일상이 되었다. 종양내과 레지던트를 돌 때의 일이다. 원인 모를 빈혈이 지속되어, 추가 검사를 위해 고등학생 나이의 환자가 입원했다. 내시경과 여러 정밀 검사를 통해 위암 진단을 받게 되었다. 여러 장기에 전이되어 말기 상태가 확인되었다. 이 하늘이 무너지는 소식을 어떻게 전해야 할지 마음이 몹시 무거웠다. 환자의 어머니와 면담의 시간이 오고, 검사 결과를 보여드리며 현재 상태를 설명하였다. 충격을 받은 환자의 어머니는, 잘못된 결과 아니냐고 의심하며, 목소리가 심하게 떨렸다.

"우리 아들이 말기 암이라고요?"
"잘못 말씀하시는 거잖아요, 그럴 수는 없어요!"

환자의 어머니는 처참한 소식을 듣고 소리를 지르며 계단으로 뛰쳐나가셨다. 병동까지 서글픈 통곡 소리가 들렸다. 마음속으로 환자와 그의 어머니를 위해 기도했다. 힘든 시기를 잘 견뎌내기를 간절히 바라고 또 바랐다.

내과 레지던트로서 종양내과에 순환근무를 하면서 짧지만 많은 환자, 보호자 분들을 만났다. 나쁜 소식을 전하기는 매일 해도 어려웠다. 겉으로는 능숙해지고 있었지만, 마음은 늘 무거웠다. 나는 내 감정을 숨기려고 애를 쓰고 있었다. 그들의 절망, 죽음에 대한 두려움, 이별에 대한 공포 등 여러 감정이 전해졌다. 내가 느끼는 감정과 환자와 그 가족들의 감정 모두 외면하려고 했었다. 힘든 감정에 압도당하기도 하였지만, 그럴 때일수록 더 냉철하고 이성적으로 내 할 일을 해내자고 마음을 굳게 다졌다.

40대 후반의 담도암 환자분과의 만남도 기억난다. 환자는 경도의 지적장애를 앓고 계셨다. 담도암의 전신 전이가 확인된 분이고, 예후가 좋지 않다는 것을 보호자들에게 설명하였다. 환자분이 지적장애가 있으셔서, 보호자들과 연명치료에 대한 상의를 드렸다. 배우자가 없으셔서 형제, 자매 네 분이 한자리에 모였다. 위중한 상황에서 연명치료를 원치 않음에 대하여 보호자들께서 상의해주셨다. 하지만 환자의 전신 상태가 나쁘지 않아 항암 치료를 진행하게 되었다. 환자분께서 곧 돌아가실 수도 있겠다고 생각했지만, 예상보다 잘 버텨주셨다.

어느 날 그 담도암 환자분이 일하고 있는 내 컴퓨터 옆으로 다가오셨다. 그러고는 샌드위치와 두유를 주고는, 씨익 웃고 가셨다. 별다른 말씀은 없었지만, 먹고 힘내라고 주시고 가신 것이다. 그 순간 눈앞이 흐려지고 말았다. 마침 아침을 굶어 배고픈 상태여서, 속으로 울면서 허겁지겁 먹었다. 마음속으로 환자분을 포기했던 생각들이 스쳐 지나갔다. 뭔가 모를 죄송스러운 마음이 올라왔다. 앞으로는 만나는 모든 환자분을 있는 그대로 건강한 모습으로 기억해야겠다고 다짐했다.

인생을 살며 항상 좋은 소식만 들려오면 좋겠지만, 그렇지 못한 것이 사실이다. 슬픈 소식을 듣거나, 상실의 경험을 겪지 않은 사람은 없다. 죽음에 대한 무거운 상황이 아니더라도, 상실감을 느끼는 상황은 우리의 일상이다. 아끼는 물건을 잃어버렸을 때, 사랑하는 반려견이 세상을 떠났을 때, 친한 친구가 멀리 이사 가게 되었을 때, 열심히 작성했던 컴퓨터 파일이 지워졌을 때 등 여러 상황이 있을 것이다. 처음에는 받아들이기에 괴롭지만, 시간이 지나면 천천히 그 슬픔을 받아들이는 자기 자신의 모습을 발견하게 된다.

호스피스 운동의 선구자로 알려진, 정신과 의사 엘리자베스 퀴블러 로스의 저서 『죽음과 죽어감』에서 '죽음의 5단계'가 소개되어 있다. 죽음을 받아들이는 과정에 대하여 살펴보면 다음과 같다. 첫 번째 단계는 '부정과 고립'이다. 대부분의 환자들이 자신의 병에 대한 충격적인 소식을 접하면 부정하고 싶은 마음이 든다. 이러한 충격을 완충하기 위해 마음을 추스를 시간을 갖게 된다.

다음으로 두 번째 단계는 '분노'이다. 왜 나에게 이런 일이 일어났는지에 대한 분노, 광기, 원한이 표출된다. 세 번째 단계는 '타협'의 단계이다. 죽음을 미루고 싶은 마음 상태를 의미한다. 상황을 되돌리고 싶은 욕구와 상실에 대한 죄책감을 느끼는 단계이다. 네 번째 단계는 '우울'이다. 절망, 슬픔의 감정을 느끼고, 사람들과 거리를 두려고 한다. 마지막으로 다섯 번째 단계는 '수용'이다. 죽음을 받아들이고, 마음의 평화를 찾은 상태를 말한다. 초기에는 말기 환자들의 반응으로 알려졌지만, 오늘날에는 일반적 슬픔에 대한 반응을 이해하는 과정으로도 알려져 있다.

개인적인 경험으로 대학교 2학년 시절, 한 해 동안 집안의 친척 어른들 세 분의 장례를 치른 적이 있다. 증조할머니, 작은아버지, 고모부께서 임종하셨다. 갑작스러운 사고, 지병 악화 등으로 갑자기 돌아가시게 된 것이다. 친척 어른들과의 추억이 많았던지라 작별 인사도 제대로 나누지 못한 것 같아 눈물이 터져나왔다. 또한 다른 가족들의 오열하는 모습을 보며 마음이 너무 아팠다. 함께했던 소중한 추억들이 기억 속에서 떠올랐다. 장례식장에서 그들의 영혼을 지켜달라고 하나님께 두 손 모아 기도했다. 슬픈 마음이 진정될 즈음, 그분들의 영혼이 안전하게 좋은 곳으로 갔다는 따뜻한 마음이 왠지 모르게 들었다. 이렇게 갑작스러운 이별을 겪어보니, 죽음에 대해 알고 싶고, 올바르게 준비할 필요성을 느꼈다.

모든 사람은 죽음을 향해 걸어가고 있다. 가족의 죽음, 그리고 나의 죽음에 대하여 결국 마주하게 된다. 우리의 이 운명에 대하여 한없이 부정적으로 생각하는 경향이 있다. 하지만 죽음이란 것을 마주해야만 인간이 어떤 존재인지 알아가게 된다고 생각한다. 진정한 삶의 의미와 소중함을 깨닫고, 살아가는 목적을 발견할 수 있게 돕기 때문이다. 그러므로 삶을 살아가는 것만큼 죽음도 중요한 것임을 우리는 알아야 한다.

나쁜 소식을 전하는 사람과 듣는 사람 모두 괴로움에서 벗어날 수 있으면 얼마나 좋을까. 우리가 괴로운 이유는 그 순간, 죽음을 마주해야 하기 때문이다. 말기 암으로 시한부 인생을 선고받은 환자는 저주를 받은 죄인이라고 여긴다. 그리고 세상에서 가장 슬픈 소식을 전하는 의사 또한 죄인이 된다. 죽음 앞에서 우리는 왜 죄인이 되어야 할까? 죽음이라는 인생의 최대의 문제 앞에서 우리는 누구보다 치열하여 공부하고 질문해야 한다. 사람으로 태어난 이상. 아무렇지 않을 수 없지만, 우리의 영혼은 그렇게 성장하게 된다고 믿는다.

09

기적은 숨결보다 가까이에 있었다

당뇨는 우리나라의 많은 사람들이 앓고 있는 질환이다. 대한당뇨병학회 자료에 따르면 2018년 기준으로 30세 이상 성인에서 당뇨병 유병률은 13.8%라고 한다. 추정 인구수는 494만 명에 달한다고 한다. 당뇨병에 대한 인지도는 65%이고, 치료하는 비율은 60%밖에 되지 않는다고 한다. 의사뿐 아니라 환자도 당뇨에 대하여 공부하고, 적극적으로 치료 과정에 참여해야 하는 질환이다. 이렇게 의사로서 의학적으로만 당뇨를 바라보았는데, 새로운 관점으로 바라보게 된 계기가 있었다.

그 계기는 바로, 외래 진료를 보았을 때 처음 당뇨를 진단받은 환자를 만났던 날이었다. 40대의 젊은 여성 환자분이었다. 환자분은 당화혈색소가 8점대이고, 대표적인 당뇨 증상을 호소하였다. 새롭게 당뇨가 진단되었음을 환자분에게 말씀드렸다. 그러자 환자분들은 충격적인 소식에 크게 낙담하며 울음을 터뜨리셨다. 암이나 중증 난치 질환의 소식처럼, 죽을병에 걸렸다고 생각하시는 듯했다. 환자께 당뇨약을 지어드리며 꾸준히 잘 관리하고 진료를 받으시라고 응원해드렸다.

본인이 당뇨를 진단받는다면 어떨지 생각해본 적이 있는가? 그 환자분을 만나고, 내가 당뇨를 진단받는 것이 어떤 느낌일지 상상해보았다. 의사의 입장으로는 크게 대수롭지 않게 생각할 것 같다. 좋은 약이 잘 나와 있으니까 안타깝지만 열심히 관리해나갈 것이다. 하지만 환자의 입장으로 온전히 생각한다면, 어쩔 수 없는 현실에 대하여 그 환자분처럼 절망감이 들 것 같다. 환자의 입장이 되어본다는 것은 의사에게 정말 새로운 관점이 생기는 것 같다. 환자가 겪는 모든 상황을 함께 겪을 수는 없지만, 한 번쯤은 그 입장으로 바라보는 시간이 필요함을 느꼈다.

신체의 균형이 어긋나기 시작하면 불편한 증상이 올라와 병원을 찾아간다. 단순한 경증 질환부터 완치할 수 없는 만성 질환이나 암과 같은 두려운 병들은 예고 없이 찾아온다. 우리는 아픈 상황이 되어야 평온했던 일상이 기적이었다는 것을 늦게 깨닫는다. 왜 인간은 행복한 삶을 잃고 나서야 그것이 행복이었다는 것을 깨닫게 될까. 지금 이 순간 모든 상황이 그저 행복하고, 그럼에도 불구하고 감사하는 삶을 살 수는 없을까.

일상은 모두 기적이라는 관점으로 내 삶을 돌아보았다. 나는 일란성 쌍둥이로 건강하게 태어났다. 가족들의 사랑과 보살핌으로 아프지 않고 건강하게 자랐다. 공부하며 힘든 순간들이 많았지만, 의과대학에 합격하였다. 수많은 시험과 훈련을 거쳐 어엿한 의사가 되었다. 모든 순간이 소중한 기적이었다.

우리 모두는 기적 같은 삶을 살아간다. 삶의 고난과 역경을 겪는다면 그것을 이겨내며 얻어야 할 깨달음이 있을 것이다. 삶의 기쁨과 축복이 있다면 그에 감사하고 함께 나누는 확장하는 삶을 누리면 된다. 어떤 삶을 살든 우리는 주어진 기적을 온 마음을 다해 받아들이면 된다.

어떤 질병을 내가 진단받은 상황을 가정해보자. 앞서 말했던 당뇨 이야기를 다시 해보면, 당뇨를 진단받으면 일단, 먹을 수 있는 음식이 없다. 맛있는 국수, 감자, 옥수수, 떡, 수많은 달콤한 과일 등등 당을 올리는 무수한 음식을 제한해야 한다. 그렇게 하지 않고 당수치가 조절되지 않는다면 당뇨의 합병증이 오게 된다. 그로 인해 사망률도 올라가게 돼버린다. 질병에 대해 저항하기보다 받아들이는 순간 새로운 마인드가 탄생하게 된다.

질병을 잘 관리하기로 결심하고 행동에 옮겨본다. 당을 잘 조절하기 위한 식단 관리, 운동, 약을 먹으면서 신체 변화도 잘 관찰하게 된다. 다른 사람에게도 도움을 요청하며, 당을 잘 조절하는 환경을 만들어나간다. 스트레스를 건강하게 이겨내고, 몸과 마음의 건강관리를 시작하게 된다. 병을 통해서 기존의 해로웠던 습관을 깨닫고 건강한 습관을 장착한 새로운 마인드가 창조된 것이다. 질병은 어두운 측면만 있는 것이 아니다. 이를 잘 대처하며 나 자신을 돌보고 집중할 수 있는 기회가 주어진 것으로 다르게 바라볼 수도 있다.

죽을 수도 있는 상황에서 기적적으로 살아난 전설적인 치료 사례는 많은 사람의 이목을 끈다. 그러나 병원에서 마주하는 현실 속에서, 소망은 무참히 짓밟힐 때가 많다. 계속되는 좌절을 겪다 보면, 기적을 바라는 것은 한심한 일이라는 생각까지 들 수 있다. 차라리 처참한 현실과 타협하는 것이 낫다고 여기게 된다.

질병이 경하든, 중하든 중요한 것은 따로 있다. 질병을 통해서 나의 마음을 돌아보며 어떤 마인드로 변화해갈 것인가에 집중해야 한다. 모든 일상 속에서 부정적인 사람이 어느 날 갑자기 긍정적으로 바뀌면 주변 사람들이 몹시 궁금해할 것이다. "사람이 갑자기 바뀌면 죽을 때가 된 것이라는 말이 있던데, 무슨 일 있는 것 아니야?"라고 대개 말할 것이다. 그러면서도 바뀌게 된 비결을 궁금해할 것이다.

나는 이것이야말로 질병을 겪는 모든 인간에 있어서 진정한 기적이라고 생각한다. 질병에서 완치되는 것 또한 기적이다. 하지만 질병을 겪어 나가면서 어떤 것도 바꿀 수 없는 한 사람의 의식, 마인드가 좋은 방향으로 바뀌게 되는 것, 낡은 마음을 버리고 새로운 마음을 갖는 것이 진정한 질병을 받아들이고 이겨내는 비결이지 않을까 싶다.

나이가 든 사람들이 자주 하는 말이 있다. "인생 살아보니 무상하더라. 인생살이 덧없다는 옛날 말이 맞다."라는 말이다. 질병과 죽음 앞에서 절망 섞인 이 말을 나는 다르게 생각하고 싶다. 질병과 죽음이 모든 인간에게 어쩔 수 없이 맞이하는 운명임을 알겠다. 그렇다면 나는 잘 이겨내는 방법을 터득하며 자신 있게 즐거움을 택하는 삶을 살고 싶다.

환자분들을 진료하다 보면 자주 듣는 질문이 있다. "선생님, 이 병은 완치가 되나요?"라는 질문이다. 우리는 질병이 없어지기만을 바란다. 빠르게 완치되고 해결되어 문제로부터 자유로워지기를 원한다. 하지만 만성 질환을 진단받았다면, 그 질환과 함께 남은 인생을 보내야 할 수 있다. 죽을 때까지 평생 약을 먹어야 하고 병을 가지고 살아간다는 것에 강한 거부감이 올라온다. 약으로 인한 부작용과 걱정보다, 약물 치료를 하면서 얻게 될 효과와 긍정적인 이익에 대하여 집중하는 것이 중요하다. 의사의 권유를 무시하고 본인의 고집대로 하는 사람치고 질병이 잘 조절되는 사람을 보지 못하였다.

대부분의 말기 암 환자들이 모여 있는 암 병동에도 완치를 받은 환자가 입원한 적이 있었다. 호지킨림프종으로 항암 치료와 방사선 치료를 완료하여 완전 관해(암이 완치된 상태) 상태로 유지하는 분이었다. 무거운 공기의 암 병동에서 유일하게 긍정적이고 밝은 환자분이었다. 1년마다 입원하여 기본 혈액 검사와 CT 검사를 받고, 판독을 확인한 후 교수님 면담을 받고 퇴원하는 환자분이었다.

환자분을 진찰하러 병실로 가면, 본인이 어떻게 항암과 방사선을 이겨냈는지 영웅담을 들을 수 있었다. 대화를 나누며 누구보다 긍정적인 마음을 가지고 계셨다. 림프종의 특징으로 항암과 방사선 치료 반응이 좋은 것도 있었겠지만, 다시 얻은 건강을 잘 유지하는 것에 최선을 다하고 계셨다. 건강한 모습으로 완치된 환자분을 뵙고 나서 밝은 에너지를 느낄 수 있었다.

나는 의과대학 교육을 받으며, 질병은 그저 없어져야 할 대상이고, 해결해야 할 문제라고 들어왔다. 한 환자에서 발견되는 수많은 문제 리스트를 파악해서 적고, 그에 대한 해결법을 찾기에 급급했다. 그렇게 배운 것은 무언가 부족했다. 의료 현장에는 딱딱한 의학 지식만 필요한 것이 아니었다. 질병에 대하여 새로운 관점으로 바라보게 되니, 기적은 정말 숨결보다 가까이에 있었다. 나는 깨달은 이 놀라운 사실을 통해, 매일매일 기적을 창조하는 삶을 살아가고 싶다.

Dream Doctor's Study Routine

- 4장 -

환자들은 매 순간 나를 돌아보게 만들었다

01

환자들은 매 순간
나를 돌아보게 만들었다

의사가 되고 나서 가장 기억에 남은 환자분이 있다. 폐암이 원발암이었고, 전신 전이로 여러 합병증으로 치료 받는 70대 남성분이었다. 환자의 배우자분은 간호에 지극정성이었다. 환자분의 지금까지의 모든 있었던 병력을 녹음기를 켠 것처럼 줄줄 외셨다. 대학병원 간호사 출신이셔서 의학적인 내용에 대한 대화도 가능하였다. 환자분은 대장으로 전이가 확인되어 변비로 고생하고 있으셨는데, 대변을 직접 손으로 파내어주신다고 했다. 아내로서 간호사로서 할 수 있는 모든 것을 옆에서 챙겨주고 계셨다. 그분의 정성과 관심을 지켜보며 진정으로 남편을 사랑하는 마음을 느낄 수 있었다.

처음 환자분을 만났을 때는 천천히 걸으실 수 있었다. 컨디션이 나쁘지 않은 편이었고, 면역항암제 치료를 받으며 보존적인 치료를 받고 계셨다. 특별한 일 없이 치료를 받고 치료 스케줄대로 입원과 퇴원을 반복하던 분이었다. 씩씩하게 치료 받으시고 의료진에게도 밝은 모습으로 인사하셨다. 그런데 어느 날부터 전신 상태가 악화되기 시작하셨다. 입원 예약 날짜보다 일찍 입원을 하신 날이었다. 숨이 차서 외래 진료를 보고 입원실로 오셨다. 기존에도 양측 폐에는 종양 덩어리들이 전체적으로 퍼져 있던 분이었다. 혈액 검사와 가슴 엑스선 검사와 흉부 CT 검사를 빠르게 진행하였다. 양측 가슴에는 악성 흉수가 반 정도 차올랐고, 폐동맥에는 큰 혈전이 자리 잡고 있었다. 흉수를 빼기 위해 배액관을 집어넣었다. 그리고 폐동맥색전증이 확인되어 이에 대하여 혈전을 녹이는 항응고제 치료를 시작하였다.

회진을 돌면서 보호자와 길게 이야기를 나누었다. 담대하게 병마와 싸우고 있는 환자분 앞에서 그녀는 강인한 모습을 보여오셨다. 하지만 점점 나빠지는 상황에서 환자분 몰래 하염없이 눈물을 흘리셨다. 환자분 상태에 대하여 안타깝지만 언젠가는 모르지만 긴 이별을 준비해야 할 것 같다고 조심스레 말씀드렸다.

그리고는 하나둘씩 새로운 문제들이 생겨나셨다. 혈변 증상이 갑자기 발생하였다. 항응고제로 인함인지, 대장암이 전이된 부위의 암 조직에서 출혈이 생긴 것인지 확인할 방법이 없었다. 내시경을 받으러 갈 컨디션이 되지 않으셨다. 항응고제를 중단하고 수혈을 하면서 피가 멎기를 기다리고 있었다. 하지만 출혈은 며칠 동안 조금씩 지속되었다. 평소에 환자분 상태에 대하여 자세히 면담할 당시, 연명치료는 환자와 가족들 모두 하지 않겠다고 하신 상태였다. 환자분도 자신의 죽음을 예견하셨는지 유언과 같은 말씀을 남기려고 하셨다.

"여보, 그동안 너무 고마웠어. 나 때문에 많이 힘들었지?"

라고 배우자분과 조용히 대화를 나누셨다. 배우자분은 약한 생각은 하지 말라고 울며 다그치셨다.

"우리 어차피 다음 생에 만날 건데, 왜 슬퍼해. 영영 헤어지는 것 아니야."

결국 목 놓아 울고 있는 배우자에게 담담히 환자분은 말씀하셨다. 손목에 염주를 차고 계신 것을 보니, 불교를 믿고 계셨던 것 같다. 그러고는 주치의 선생님을 불러달라고 하셨다. 거리가 약간 떨어진 곳에서 지켜보고 있던 나를 부르셨다. 나는 환자분 곁으로 다가갔다.

"선생님, 저를 도와주셔서 정말 고마웠습니다. 고마워요."

목소리 낼 힘도 없는 환자분이, 고맙다고 내게 말씀을 하셨다. 나는 그 순간 모든 시간이 멈추는 것 같았다. 그러고는 나도 모르게 눈물이 주륵 흘러나왔다. 내가 해드릴 수 있는 것은 많지 않았다. 암으로 인한 합병증으로 고통받고 있는 가운데도 환자분은 담담하게 하고 싶은 말을 전하고 계셨다. 그렇게 마지막 작별 인사를 들은 날, 환자분은 하늘나라로 돌아가셨다. 사망진단서를 쓰면서 마음이 너무 슬펐다. 그동안 정든 두 분을 떠나보내려니 아쉽고 슬펐다. 환자분이 돌아가시고 몇 주 흘렀을 때 병동으로 떡 한 상자가 배달되었다. 그동안 잘 돌봐주어 고마웠다고 배우자분이 보내셨다. 마지막까지 감사의 표현을 잊지 않으셨다.

임종 직전의 순간, 고맙다고 말씀하신 환자분은 처음이었다. 매일 고통과 마주하는 시간 동안 삶을 정리하는 환자분의 마음이 어떠셨을까? 지금도 생각하면 마음이 뭉클하고 눈물이 나온다. 마음 졸이며 환자분을 진료했던 내 마음이 눈물과 함께 흘러갔다. 환자분은 마지막 가시는 길에 나에게 위로를 건네신 것 같았다. 죽음은 너무나도 슬프지만, 환자분이 말씀하셨듯 다음 생에 우리가 다시 만난다면 그렇게 슬퍼할 필요가 없겠다고 생각했다.

그날 이후부터 나의 마음을 돌아보기 시작했다. 인턴과 레지던트의 일상에서는 마음을 돌볼 여유가 별로 없었다. 그러나 이 시기는 내가 의사로서 어떤 신념을 갖는지에 대하여 배우는 시간이기도 하다. 태산 같은 병원 업무에 압도되어 지치고 힘든 날이 더 많다. 조금의 시간이 나면 잠을 자거나 놀기 바빴다. 그냥 이 힘든 시간이 빨리 지나가기만을 바라고 하루살이처럼 매일을 살았다. 그렇게 하다 보니 내 마음의 여유는 온데간데없었다. 시간적인 여유가 나도 쉴 줄 몰랐다. 내가 무엇을 좋아하는지, 무엇을 하고 싶은지 알 수 없었다. 나의 상태를 진단하고, 이 습관을 고쳐야 할 때가 되었다고 깨달았다.

나는 나 자신과의 대화를 시작했다. 매일 마주하는 의료 현장에서 나는 어떤 마음을 느끼는지 물어보기 시작했다. 그러고 하루를 돌아볼 때 나는 어떤 깨달음을 얻었는가 말해보았다. 의사라는 직업은 누구보다도 마음공부가 필요한 직업임을 알았다. 나의 마음 그리고 환자와 보호자의 마음을 잘 알아주는 것이 참 중요한 것임을 깨달았다.

그렇게 나는 매 순간 있었던 순간들을 돌아보며 마음을 살폈다. 지금까지 의사가 되는 것에만 집중했지만, 이제는 어떤 의사가 될 것인가에 대한 관심을 갖게 되었다. 나는 어떤 의사가 되고 싶은가? 나는 희망을 주는 의사가 되고 싶다. 환자를 아프고 병든 사람으로 보고 싶지 않다. 건강하고 온전한 존재로 보고 앞으로 건강을 어떻게 잘 관리할 수 있는지에 대하여 이야기를 나누고 싶다. 겉으로 보이는 것에만 집중하면 희망이 없다. 보이지 않는 내면의 힘에 나는 집중하고 싶다. 각자의 사람의 내면에는 치유하는 힘과 사랑이 분명 존재한다고 나는 믿는다. 사람의 마음은 겉으로 보이지 않지만, 마음이 존재하는 것처럼 보이지 않은 것에 대하여 더 알아가고 싶다. 그리고 나는 마음을 잘 관리하는 의사가 되고 싶다. 의사도 결국 똑같은 사람이다. 신적인 존재가 될 수 없다. 의사이기 전에 사람으로서 사람답게 이 땅에서의 삶을 자신 있게 즐기고 싶다. 마지막으로 나는 긍정적인 생각과 말을 하는 의사가 되고 싶다. 하루를 되돌아보면 우리는 생각보다 긍정적인 말보다 부정적인 말을 많이 한다. 어떤 상황에 대하여 스트레스 받고 힘들어질 상황에 집중한다. 그렇기보다 상황과 사람으로 인해 얻게 된 긍정적인 것에 집중하는 것이 정말 중요하다. 긍정적인 생각이 긍정적인 말을 낳고, 긍정적인 말이 긍정적인 행동을 낳는다. 그렇게 삶의 긍정적으로 변화할 수 있게 된다. 작지만 큰 나비 효과를 통해 우리의 삶을 스스로 건강하게 만들어나갈 수 있다.

영화 〈사운드 오브 뮤직〉에서는 주인공 수녀 마리아가 아이들에게 사랑스럽게 말해준다.

"주님은 한쪽 문을 닫으실 때 다른 한쪽 창문을 열어 놓으신단다."

슬픔과 좌절의 이면에는 기쁨과 행복이 있다. 잠시 슬픔과 마주하더라고, 새로운 태양이 다시 떠오르는 것을 우리는 보게 된다. 태양은 매일 다시 떠오르기 때문이다. 어쩔 수 없는 상황에 그저 포기하지 말고 적극적인 '수용'을 해보자. 내 안에서 떠오르는 생각과 감정을 알아주고 돌봐주기 시작하면 나의 마음은 건강해진다. 그렇게 마음의 근육을 단련하고 두려움과 정면으로 맞서보자. 그러면 동전의 양면처럼 슬픔 뒷면에 숨겨진 기쁨을 찾을 수 있을 것이다.

환자분들을 만나는 의사의 삶을 살아가는 것에 참 감사하다. 지금까지 만났던 모든 환자분들을 통해 나는 나를 돌아보는 따뜻한 사람이 될 수 있었다. 앞으로 만나게 될 환자분들과의 만남도 축복하며, 오늘도 나는 내 마음을 돌아보며 주님이 다른 쪽에 열어두신 창문으로 걸어간다.

02

갑작스러운 죽음 앞에서 인생의 허망함을 느꼈다

환자를 진료하며 의사들은 계획을 세운다. 어떤 질환을 의심하고 검사하고 진단을 내린다. 그리고 치료 중의 경과를 자세히 살핀다. 교과서와 가이드라인대로 적용하며, 추가로 경험을 쌓아가며 자신만의 진료 노하우를 쌓아간다. 그렇지만 가끔은 돌발 상황이 생긴다. 전혀 예상하지 못하던 곳에서 변수가 떠오른다. 그러므로 더 여러 가지 상황을 염두에 두고 변화무쌍한 상황에 대처하며 지혜롭게 진료해나가야 한다.

호흡기내과 병동으로 80대 고령의 남성 환자분이 입원하셨다. 폐렴이 심하지는 않았으나 고령인 상태로 언제든 상태 변화가 있을 수 있음을 아들에게 설명해드렸다. 환자분은 면역력이 떨어지신 상태로 보였다.

기운이 없고 등 쪽에는 대상포진으로 수포가 올라와 있는 상태였다. 항생제와 수액 처방을 내놓고, 환자분의 상태와 생체징후를 확인했다. 2주 정도 치료 기간을 잡고 경과를 보아야 한다고 보호자분에게 설명해드렸다. 환자분은 산소 없이 호흡도 안정적인 상태셨고, 다른 기저 질환이 크게 없었다. 퇴근하기 전에 환자분을 볼 당직의에게도 특별한 인계사항은 없었다.

그렇게 퇴근하고 잠을 자고 아침에 일어났다. 일어나서 출근 준비를 하며 휴대폰 문자를 확인했다. 전날 당직을 섰던 후배가 새벽 4시쯤 메시지를 남겨두었다.

"선생님, OO 환자분 expire(사망) 하셨어요."
"심폐소생술 등 연명치료는 하지 않았고, 편하게 임종하셨습니다."

문자를 보고 너무 놀라서 바로 전화를 걸었다. 후배는 자초지종을 설명해주었다. 환자분이 새벽에 담당 간호사가 라운딩을 돌면서 임종하신 상태로 발견이 된 것이었다. 일반병동은 중환자실이 아니기 때문에 환자 옆에서 지속적으로 의료진이 상주하지는 않는다. 입원 당시 폐렴이 그렇게 심하지는 않으셨고, 다른 장기 기능이나 심전도도 큰 이상이 없었다. 갑자기 입원하자마자 환자분이 임종하게 되신 것이다. 다행히 입원 당시 상태 변화에 대하여 자세히 가족들께 설명드렸던 상태였다. 갑작스러운 임종 상황이었지만 가족들은 마음을 잘 정리하셨다고 들었다. 환자분은 사인은 불명확했지만, 보통 이런 상황은 '노환'으로 인한 사망으로 본다. 장기의 기능이 다하고 노화로 인하여 숨을 거두신 것으로 보았다. 아침에 일어나자마자 갑작스러운 임종 소식을 듣고 놀랐다. 폐렴 치료를 잘 받고 특별한 일 없으면, 퇴원하시면 되겠다고 계획했는데. 나의 계획과 생각이 전부 다 틀렸다. 좋아질 것을 예상하지만 언제나 예상치 못하는 순간을 맞이하게 된다. 한순간에 임종하신 상황에 허망한 마음이 들었다.

친척 식구 중에서 내가 존경했던 분이 계시다. 미국에 살고 계셨던 나의 '미국 고모부'였다. 고모부는 아이비리그 중 프린스턴 대학에서 신학과를 졸업하셨다. 목회를 하시다가, 방향을 바꾸어 한국에 오셔서 여러 사업을 시작하셨다. 미국 고모부는 사랑이 많고, 유머러스하고, 나에게 도전을 주시는 분이었다. 커서 고모부 같은 분하고 결혼하고 싶다는 생각을 자주 했을 만큼 고모부의 팬이었다. 어린 시절 고모부와 추억이 꽤 많았다. 초등학교 6학년 때 함께 스키장에 가서 스키를 배울 수 있도록 강습도 신청해주셨다. 그리고 서울에서 열리는 피카소 미술품 전시회가 있어 함께 데려가주셨다. 고모부가 너무 좋아서 학교 미술 시간에 가족을 그리는 시간에 고모부의 초상화를 그리기도 했다. 그리고 영어로 자기소개를 해보라고 하시면서 앞으로 꿈에 대해서 글을 써보라고 하셨다.

그러면서 앞으로의 진로에 대해서도 고모부와 즐겁게 이야기했던 기억이 있다.

그렇게 친밀하게 지내던 고모부께서 갑자기 사고로 돌아가셨다는 소식을 듣게 되었다. 내가 대학생 시절이었다. 고모부께서 계단에서 넘어져 머리에 외상을 입으셨고, 뇌출혈로 갑자기 돌아가시게 되었다고 들었다. 왜 그렇게 빨리 가셔야만 했는지 통탄스러웠다. 고모부의 영혼을 위하여 기도하며 계속 흐르는 눈물을 닦아냈다.

갑작스러운 죽음을 마주하니 인생이 덧없다는 이야기가 떠올랐다. 사람은 죽으면 아무것도 가져가지 못한다. 육체, 가지고 있는 재산, 돈, 옷, 사랑하는 주변 사람들 모두 두고 떠나게 된다. 그렇게 생각하니 이 삶에서 누리는 것이 허무하다는 생각도 들었다. 어차피 가져가지 못할 것을 아등바등 가지려고 하며 사는 것 같다고 느꼈다.

서울대병원 18년 차 종양내과 전문의 김범석 교수님의 저서 『어떤 죽음이 삶에게 말했다』에서 읽은 내용이다.

"장애물이 있으면 어떻게든 치우며 앞으로 나아가는 삶. 불가능을 가능으로 만들며 존재 이유를 찾는, 앞만 보며 이 악물고 달려온 삶. 그에게 삶은 열심히 싸워야만 하는 투쟁의 장이 아니었을까? … 나중에 호스피스 실을 통해 그의 사망 소식을 들었다. 12월의 어느 추운 겨울날 쓸쓸히 세상을 떠났다고 했다. 생의 마지막 순간에 가족들에게 둘러싸여 평온하게 떠났을지, 가족들의 외면 속에서 쓸쓸히 떠난 것은 아닌지 모르겠다. 지켜봐왔던 그의 삶을 생각해보면 후자였다고 해도 이상하지 않았다. 그 소식을 들었을 때 내가 죽은 뒤에 혹시라도 그를 다시 만난다면 꼭 묻고 싶어졌다. 당신은 무엇을 위하여 그렇게 열심히 살았습니까?"

18년 동안 종양내과의사로서의 솔직한 속내를 담은 에세이를 읽으며 나의 상황을 돌아볼 수 있었다. 환자들과 가족들이 보내는 마지막 순간들을 보며 삶과 죽음에 대한 태도를 곱씹으며 많은 것을 배웠다고 전한다.

많은 이들이 가족이나 소중한 지인의 죽음 앞에서 괴로워한다. 괴로움을 견디지 못하고 마음의 병을 얻기도 하고, 심지어는 고인을 따라가겠다고 극단적인 선택을 하는 불상사가 일어나기도 한다. 나이가 들고 아프고 병들어 죽는 것만큼 허망한 일이 있을까. 보편적으로 사람들은 그렇게 생각하고 말한다. 죽음에 가까워진다고 생각하면 인생이 참으로 허망한 것이라는 생각이 든다. 우리는 죽음에 대하여 건강하게 공부하고 받아들여야 한다.

죽음 앞에 섰을 때만이 순수하게 삶을 바라볼 수 있을 것이다. 죽음 앞에 삶이 허무해지면 삶의 의욕을 다 잃게 되기도 한다. 그러나 죽음을 통해 우리가 배울 수 있는 것이 있다. 임종을 앞둔 순간 어떤 삶이 가장 의미 있는 삶이었다고 생각하는지 돌아보는 것이다. 그렇게 나의 의미를 찾아 그 의미를 따라 삶을 살아가야 한다. 나는 그 의미대로 살아가고 마지막의 죽음의 순간, "잘 살았다."라고 마무리하며 떠나고 싶다. 죽은 후에 나의 삶을 돌아보기 전, 죽기 전에 나의 삶을 잘 돌아보며 살고 싶다.

나의 이모에게 들었던 이야기이다. 이모의 어머니, 나의 외할머니께서 이모가 고등학생 나이에 고혈압으로 인한 합병증으로 돌아가셨다고 한다. 이모의 작은 이모가 계셨는데, 언니를 보낸 아픔으로 병을 얻으셔서 몇 년 후에 돌아가셨다고 한다. 서로를 아끼는 모습을 봐오신 이모는 이 이야기를 들려주시면서 눈시울을 붉히곤 하셨다. 돌아가신 분을 잘 보내드리는 것도 참 중요하다. 이별의 아픔으로 삶을 잃어버리는 것을 고인이 바라지 않을 것이다. 가족을 사랑한 만큼 나의 삶을 잘 지켜내고 슬픔을 이겨나가야 한다.

사람은 살면서 허망한 죽음을 목격할 수 있다. 예상할 수 없는 상황을 겪더라도 마음을 추스르고 건강하게 다시 일어서는 힘을 길러야 한다. 그렇게 경험하면서 우리의 영혼은 한층 더 강해지고 성장할 수 있다. 인생은 만남과 헤어짐의 연속이다. 헤어질 때가 두려워 만남조차 거부한다면 인생의 무슨 재미가 있을까. 그리고 인생의 무슨 의미가 있을까.

우리나라에서 시청률이 높았던 여러 드라마를 보면, 막장 스토리라고 할 정도로 주인공에게 역경이 쏟아진다. 주인공이 잘 이겨낼 특수한 능력이나 환경이 극적으로 펼쳐지기도 하지만, 우리는 주인공의 긍정적이고 밝은 모습에 매력을 느낀다. 아무리 힘들어도 무너지지 않은 에너지를 풍긴다. 우리는 삶이라는 드라마에서 밝은 주인공으로 살아갈 수 있다. 나의 내면으로 시선을 돌려보면 나만의 진정한 행복을 발견할 수 있다. 극심한 슬픔 가운데에서도 크게 심호흡해보고 나 자신과 함께 걸어가보자.

허망한 인생이라고 생각할지라도 다시 일어서 천천히 걸어가자. 따듯한 차도 마시고 여유롭게 마음을 구석구석 살펴보는 시간을 보내자. 그러다 보면 잠깐 지나가는 소나기였음을 알아차릴 수 있을 것이다. 다시 하늘이 맑아지고 늘 빛나던 태양을 다시 보게 될 것이다.

03

내가 쓴 사망진단서는 몇 개일까?

레지던트 1년 차 때 4년 차 선배와 함께 병동에 앉아 업무를 보고 있었다. 오전 업무를 정리하고 시간이 잠깐 남았을 때였다. 선배는 진단선 프로그램에 접속했다. 프로그램의 의사 사번을 입력한 후 본인이 그동안 4년 동안 사망진단서를 작성한 개수를 세고 있었다.

"성지야, 내가 그동안 사망진단서 몇 번 썼을 것 같니?"

"글쎄요, 엄청 많을 것 같아요."

"보니까 100개가 좀 넘네. 120개 정도 쓴 것 같아."

"정말 많으셨네요, 선생님."

선배는 본인이 사망선고를 내리고 사망진단서를 썼던 지난 시간을 회상하는 듯했다. 선배가 과거를 회상하는 장면이 머릿속에 남았다. 갓 1년 차가 되었을 때, 내가 최고 연차가 되면 어떨지 상상이 잘 안 갔다. 시간은 흘러갈 테니 하루하루 버티다 보면 치프(최고 연차의 레지던트를 일컫는 말)가 되고 졸업해서 내과 전문의가 되겠지 여겼다.

이 글을 쓰고 있는 지금 나는 내과 전문의가 되어 있다. 내과 전문의가 된 상태에서 과거를 돌아보았다. 인턴, 레지던트 1, 2, 3년 차 때를 돌아보았다. 짧은 시간이었지만, 그 시기를 거치는 동안은 시간이 느리게 흘렀다. 수십 년은 흐른 것 같았다. 선배와 같이 나도 그동안 내가 사망진단서를 작성한 수를 찾아보았다. 찾아보니 130개 정도 되었다. 이전에 4년 차 선배가 말했던 것처럼 나도 비슷한 숫자였다. 사망 선언을 내리고, 고인이 가는 마지막 순간을 함께했던 시간이 주마등같이 흘러갔다.

나는 의사가 되고 이렇게 실제적으로 죽음을 본다는 것을 생각하지 못했다. 실력 있는 의사가 되어 인정받고 환자들을 돕는 따뜻한 의사가 되는 것을 막연히 바랐다. 실제로 의사가 되어보니 의사의 삶은 참 복잡하고 다양했다. 다양한 분과가 있고, 다양한 진로가 있었다.

의대생들이 진로를 정할 때 가치관에 대하여 큰 방향을 정한다. 소위 말하는 '바이탈 과'를 선택할지 말지에 대해 고민한다. '바이탈 과'는 내과, 외과와 같은 환자의 생명과 직결된 질환을 보는 과를 말한다. '바이탈

과'의 대표로 내과가 있다.

인턴이 되어 '내과'라는 과가 참 힘들지만 멋지다고 생각이 들었다. 선배 레지던트들이 멋있게 질병의 원리를 설명해주는 것을 보고 나도 저렇게 멋진 의사가 되고 싶었다. 많은 사람들이 가고 싶어 하는 넓은 길보다는 힘들지만 보람 있는 좁은 길을 택해야겠다고 생각했다.

실제로 내과 수련을 받으면서 든 생각은, 내가 어떤 의사가 될 것인지는 나의 노력에 달렸다는 것이다. 수명이 짧아질 것 같은 무자비한 수련 일정 속에서도 공부하고자 하는 의지를 불태워야 했다. 내가 계획한 대로 공부를 많이 하지는 못했다. 필요할 때마다 집중하여 찾아보고 자투리 공부를 해나갔다.

나는 정말 열심히 살았다. 크게 보람찼고, 마음이 많이 아픈 적도 있었고, 가슴 졸여가며 환자분들을 진료했다. 130명의 고인을 보내드리며 그들의 영혼을 위해 기도했다. 내과의사가 이렇게 만들어지는 것이었구나 느꼈다. 아무리 다른 사람의 경험과 조언을 들어도 내가 경험하고 깨닫는 것은 유일하다. 나만의 경험, 나만의 깨달음이 정말 나에게 소중한 것이 된다. 그리고 앞으로 살아가는 데 거울삼아 나를 비춰볼 수 있다.

나는 나의 고생은 당연하다고 생각했다. 훌륭하신 선배 의사들을 보면서 나도 그들처럼 되어야지 다짐하며 나를 다그쳤다. 가르침을 주시는 교수님의 말씀과 경험은 나에게 법이고 진리였다. 교수님께서 나를 혼내실 때는 다 이유가 있겠지 생각하며 수긍했다. 나는 권위에 순종적인 사람이었다. 교수님이나 선배 의사의 말이라면 그대로 믿고 따랐다. 나는 늘 부족하니까 끊임없이 배워야 하는 존재라고 생각했다. 그렇게 하다 보니 처음 겪는 상황에 대해서 크게 당황하고, 자신감이 떨어진 적도 있었다.

그러나 객관적으로 나를 돌아보았다. 나는 서른 살에 당당히 내과 전문의가 되었다. 내가 겪은 임상 경험은 누가 봐도 수고스러웠고, 대단했다. 내가 겪은 일에 대해서 누구나 다 겪는 일이라고 얕잡아본 사람이 있었다. 내가 피땀 흘려 경험하고 살아낸 나의 노력과 인생의 시간을 당연한 것이라고 평가절하를 하는 사람이었다. 내 인생에 대하여 함부로 판단하는 그 사람의 잣대는 결국 본인에 대한 잣대이다. 나는 누가 뭐라 해도 이렇게 잘 성장한 나 자신이 기특하고 소중하다. 이렇게 멋진 일을 해낸 나에게 마음껏 축복을 보낸다. 의대생을 꿈꾸고, 의사를 꿈꿨던 어린 날의 내가 드디어 되고 싶은 '멋진 의사'가 되었다.

나는 이제 배우기만 하는 삶에서 배운 것을 드러내는 삶을 살아갈 것이다. 나의 경험이 의사를 꿈꾸고, 의사로 살아가는 사람들에게 도움이 되기를 바란다. 함께 나누고 소통하면서 여러 감정들이 치유되고, 삶의 활력을 되찾고 싶다.

나는 의대생 시절 가정형편이 좋지 못해서, 방학에 여행을 다닐 수 없었다. 다른 친구나 선배들은 미국, 중국, 영국, 프랑스, 이탈리아, 호주, 몽골, 칠레, 남아프리카공화국, 여러 동남아시아 국가들 등등 전 세계로 여행을 다녀오는 것을 보았다. 방학이 끝나면 서로 여행을 다녀온 것을 이야기하고 자랑하느라 여념이 없다. 나는 방학마다 친척 이모 집에 가서 이모가 해주시는 맛있는 음식을 먹고, 가족들과 시간을 보냈다. 그리고 교회 수련회에 참여해서 봉사활동을 했다. 소중하게 방학을 보내긴 했지만, 빨리 취직을 해서 돈을 벌어 내가 가고 싶은 여행을 마음껏 가는 것을 꿈꿨다. 의사가 되니 월급으로 돈을 벌어 기뻤지만, 여행을 갈 시간이 없었다. 시간이 생기면 부족한 잠을 보충하고, 음식으로 주린 배를 채우고, 가끔 가족을 보는 것으로 시간을 보내었다. 짧게 제주도로 가족 여행을 다녀오긴 했지만 마음의 허전함은 다 채워지지 않았다. 그렇게 여행이라는 것을 더 꿈꾸기 어려워졌다. 코로나19 시국으로 인해서 해외여행은 물론이고, 국내 여행도 마음껏 가지 못하였다. 이런 상황을 보내다 보니 마음이 울적했다. 의사가 되는 것은 많은 것을 포기해야 하는 것이라고 생각했다.

지나온 시절 동안 나는 안 되는 상황에 대하여, 어쩔 수 없는 상황이라고 나를 제한했다. 그리고 다른 사람과 비교하며 위축되기도 하였다. 내가 내세울 수 있는 것은 별로 없다고 생각했다. 자존감과 자신감이 낮았다. 나 자신을 드러내는 것이 부끄럽고 두려웠다. 그저 조용하고 착한 아이로 살아왔다.

내과의사라는 역할이 이런 작게 정의했던 나를 다시 돌아보게 해주었다. 내 안에는 거인이 잠자고 있었다. 긍정적이고 당당하고 멋진 박성지를 발견할 수 있었다. 인생의 위기와 풍파 속에서 쓰러지지 않고 버틴 모습에서 강인함을 보았다. 나는 정말 강한 사람이라는 것을 알게 되었다.

지금까지 살아온 시간 중 어느 하나 버릴 것이 없다. 어느 하나 헛된 것이 없다. 그동안 내 존재를 어떻게 감추고 살아왔는지 조금 안타깝긴 하다. 앞으로 나 자신을 드러내고 자랑하며 행복한 의사로서의 삶을 살아가려 한다.

인상 깊게 본 디즈니 영화 중에 〈코코〉라는 영화가 있다. 우연히 죽은 자의 세상으로 들어가 해 뜨기 전 원래 세상으로 돌아와야 하는 소년 미구엘, 그를 돕는 사기꾼 헥터의 우정을 그린 영화이다. 이 영화의 배경은 멕시코의 명절인 '죽은 자의 날(Day of the Dead)'을 배경으로 한다. 멕시코에서는 매년 10월 31일~11월 2일 '죽은 자의 날'을 기린다. 이는 국가 공휴일이자 축제 분위기의 명절로, 고대 아즈텍 인디오의 전통 의식에서 유래한 것이다. 죽음은 끝이 아닌 또 다른 시작이라고 여기는 의미를 담고 있다고 한다.

이 영화에는 죽은 가족, 친지를 기리고 기억하기 위한 제단을 설치하고, 설탕으로 만든 해골 모양의 빵과 고인이 생전 좋아하던 음식, 그리고 금잔화(Marigold)를 올린다. 그리고 가족들이 함께 묘지를 방문하는 시간을 가진다고 한다. 이 영화를 보며 주인공 미구엘은 〈리멤버 미(Remember me)〉라는 노래를 기타 치며 부른다.

"기억해 줘, 지금 떠나가지만 기억해 줘. 제발 혼자 울지 마. 몸은 저 멀리 있어도 내 마음은 너의 곁에 있어. 매일 밤마다 와서 조용히 노래해 줄게. 기억해 줘. 내가 어디에 있든 기억해 줘, 우린 함께 한다는 것을 언제까지나. 눈을 감고 이 음악을 들어봐. 우리 사랑과 함께. 기억해 줘, 내 사랑은 변하지 않아. 우린 함께 한다는 걸 언제까지나 기억해 줘."

이 노래를 들으니 하늘나라로 떠나신 환자분들이 떠올랐다. 수많은 죽음과 가족들의 오열 소리 앞에 마음이 미어졌다. 그러나 이 가사의 내용처럼 죽은 이후도 늘 함께한다는 것이 큰 위로가 된다. 내가 쓴 사망진단서를 들여다보는 일이 이렇게 많은 깨달음을 줄 수 있다는 것을 미처 몰랐다. 함께한 모든 순간이 귀하고 참 감사했다.

04

너무나 따뜻했던 임종실의 온도

암 병동에는 임종실이 따로 있었다. 임종이 임박한 환자분이 편안하게 죽음 맞이할 수 있도록 마련된 공간이다. 암 병동의 주치의 동안 임종실에서 환자분들의 마지막을 지켜보았다. 차갑게 죽음이 내려앉는 그곳은 늘 슬픔으로 가득 차 있었다. 비워지기 무섭게 위독한 말기 환자분들이 병실에서 임종실로 이동해 오셨다.

그러던 와중 어느 날 텅 비어 있는 임종실을 발견했다. 항상 환자분과 그의 가족들로 가득 차 있었는데, 비어 있는 날도 있었다. 나도 모르게 그 안으로 들어가게 되었고, 천천히 사방을 살펴보았다. 몇 평 안 되는 작은 공간. 비어 있는 침상과 환자분의 가래를 뽑을 흡인 기구, 산소줄,

청진기가 덩그러니 놓여 있었다. 사망선고를 내리며 쓸쓸하게 퇴장하던 그 공간을 처음으로 자세히 들여다보았다. 나는 공간에 잠깐 머무르는 동안, 나의 죽음에 대하여 생각해보았다.

'내가 죽음을 곧 앞두고 있다면 어떤 생각과 기분이 들까?' 궁금했다. 그리고 '죽음 앞에서 나의 삶을 돌아보았을 때, 어떤 삶이 가장 가치 있는 삶이었을까?'라는 생각도 했다. 죽음을 앞둔다면 나에게 가장 중요한 것들이 떠오를 것이다. 나의 삶에 중요한 가치를 잘 누리고 이루고 살았는지 돌아볼 것 같다. 나에게 가장 소중한 가치가 무엇일까 곰곰이 생각해보았다. 나의 머릿속에는 '자유'라는 단어가 맴돌았다. 나는 어떤 것에도 얽매이지 않고, 제한받지 않은 자유로운 삶을 산다면 죽을 때 후회 없을 것이라는 생각이 들었다.

나는 나의 모습을 있는 그대로 바라보는 시간을 거의 갖지 못하고 지내왔다. 늘 어딘가에 얽매여 있는 사람이었다. 공부, 직장, 교회, 가족, 친구, 나의 감정, 가난한 환경, 나의 외모 등 돌아가면서 나를 신경 쓰게 했다. 즐겁고 행복했던 순간보다 힘들고 슬펐던 상황들이 나를 괴롭게 했다. 나는 어릴 때부터 욕심이 많았고, 인정받고 싶은 욕구가 강했다. 내가 원하는 대로 펼쳐지지 않는 현실이 화가 나고 싫을 때가 종종 있었다. 그러면서 나의 내면 깊숙이 괴로운 감정에서 벗어나고 싶다고 생각하게 되었다.

학교에서는 나 자신을 돌보고 인생의 공부를 해나가는 방법을 가르쳐 주지 않는다. 본인이 진정으로 원하는 삶의 목표를 찾고 어떻게 성공자의 삶을 사는지 방법을 배운 적이 없다. 1등 아니면 모두 루저(Loser), 실패자가 되는 시스템이기 때문이다. 자기주도학습에 대하여 강조하지만, 정작 나를 알아가고, 어떻게 채워가야 하는지 알려주지 않는다. 아이들마다 타고난 재능, 성격, 상황이 가지각색이다. 학교에서는 짜여진 틀 안에 맞추라고 강요한다. 그러지 않으면 사회의 낙오자로 살게 될 것이라는 두려움을 심는다. 교육이라는 명목하에 공부하는 것에 흥미와 재능이 없는 아이들에게 무수한 열등감을 집어넣는다. 공부에 재능이 있고 학자의 길을 갈 만한 아이들은 공부를 장려하고 돕는 것이 맞다. 하지만 모두가 공부를 잘할 필요는 없다. 인생을 살아가는 데 필요한 최소한의 자질을 갖는다면 그것으로도 충분하다. 시험 점수, 1등이 되는 것보다 중요한 것은, 80년, 길면 100년 정도의 인생을 어떻게 잘 살아갈지 스스로 찾도록 도와주는 것이다.

지나온 나의 삶의 장면들을 거울삼아 앞으로 어떻게 살아갈지 고민하게 되었다. 다람쥐 쳇바퀴 돌 듯 제자리를 맴도는 삶에서 벗어나야 한다는 마음이 요동쳤다. 나의 죽음을 생각하다가 어느새 남은 삶에 대해 생각하게 되었다. 삶과 죽음은 동전의 양면 같았다. 삶과 죽음을 떨어뜨려서 생각할 수 없었다. 삶을 생각해보면 언젠가 죽음을 마주하고, 반대로 죽음을 생각하니 삶을 어떻게 살지 고민하게 되었다. 비어 있는 임종실

안에서 여러 생각의 조각들이 떠오르고 가라앉기를 반복했다.

평소와 다르지 않게 암 병동 주치의로서 하루를 시작했다. 이른 아침에 출근하여 담당 환자분들의 상태를 파악했다. 임종실의 환자분 상태를 제일 먼저 알아보고 회진을 준비했다. 회진을 돌며 교수님께서는 환자분들을 세심하게 진찰하셨다. 오늘 항암 치료 스케줄이나 검사, 시술 등 예정되어 있는 일을 설명해드렸다. 그리고 오전 회진의 마지막으로 들리던 곳이 임종실이었다. 교수님께서는 부드러운 목소리로 환자분의 이름을 부르셨다.

"OO 환자분, 오늘은 좀 어떠세요?"
"제 목소리 들리세요?"
"많이 아프시거나 힘드시면 말씀하세요."

환자분은 희미한 의식으로, 고개만 끄덕이셨다. 임종실에는 가족들이 교수님 회진시간에 맞추어 모두 모여 계셨다. 환자분 상태에 대하여 회진 후 임종실 밖에서 짧은 면담이 이루어졌다. 이 땅에서의 시간이 얼마 남았는지, 자녀분이 떨리는 목소리로 물어보셨다.

"저희 아버지는 지금 어떤 상태이신 건가요?"

“오늘이나 내일 임종하실 듯합니다.”

“환자분을 못 보신 분들이 있다면 면회하는 것이 좋겠습니다.”

“알겠습니다, 교수님….”

그 시간 임종실에는 고령의 환자분이 약한 숨을 몰아쉬고 계셨다. 90대의 고령의 남성 환자분이셨다. 위암 말기로 여러 장기에 전이가 확인된 분이었다. 환자분은 일생을 건강하게 보내신 분이었다. 고령의 나이에도 크게 아프신 곳이 없었다고 들었다. 대변이 검게 나오면서, 위내시경을 하게 되었고, 커다란 위암 덩어리가 발견된 것이었다. 이후 전신 전이 여부를 평가하는 검사에서, 여러 장기의 전이가 발견되었다. 발견되고 6개월 채 되지 않은 상황에서 전신 상태가 크게 나빠지게 되셨다.

가족들을 면담하며 환자분은 젊으셨을 때 훌륭한 아버지로 사회인으로 활동을 하신 분이었다. 자녀들에게도 사랑을 많이 주신 분 같았다. 자녀분들 또한 점잖으셨고, 좋은 인품을 풍기는 분들이었다. 환자분은 자녀들의 존경과 섬김을 받으며 마지막 순간을 보내고 계셨다. 가족분들은 여타 일반적인 가족들의 분위기와는 달랐다. 아버지의 마지막을 따뜻한 사랑의 눈으로 바라보고 있었다. 가족들은 환자의 죽음을 잘 받아들였고, 생명이 꺼져가는 환자의 귀에 작별 인사를 하고 있었다.

“아버지, 그동안 너무 고마웠어요. 사랑해요.”

"편하게 떠나세요. 당신은 나에게 최고의 아버지였어요."

"아버지 잘 가요, 안녕."

눈물을 머금고 아버지에게 사랑을 따뜻하게 표현하는 순간이었다. 옆에서 지켜보며 정말 의식이 깨어 있으신 가족들이라는 느낌을 받았다. 아버지의 사랑과 노고에 은혜를 갚고자 자녀로서의 최선을 다하는 모습이었다. 가슴이 아려오면서도 아버지의 죽음을 있는 그대로 받아들이고 끝까지 곁을 지키는 아름다운 모습이었다. 후회와 미련으로 얼룩진 오열하는 가족들의 모습을 주로 보다가 이런 가족들의 모습을 보니 놀랍기까지 했다.

사람이라면 모두가 죽음은 피하고 싶은 가장 두려운 것이다. 죽음을 생각하면 마음이 숙연해지고 우울해지고, 절망에 휩싸인다. 하지만 가족들은 환자분의 죽음을 담담하게 받아들인 것 같았다. 임종실로 자리를 옮기고, 이틀이 지난 후 환자분은 조용히 생을 마감하셨다. 가족들의 사랑과 보살핌 속에서 편안한 얼굴이었다. 그 순간 임종실에는 서글픈 곡소리가 아닌, 따뜻함이 감싸고 있었다.

죽음을 생각하는 것은 고통스러운 일이다. 지금 내가 살아가는 이 순간이 부정당하는 느낌도 들고, 허무감마저 올라올 수 있다. 그러나 죽음을 생각하며 나의 의식이 성장하는 것을 느꼈다. 학교에서 세상에서 가르쳐주지 않는 것. 나의 의식이 성장하고, 영혼을 깨우는 공부를 시작할 수 있었다.

우리의 삶은 죽음을 빼놓고 설명할 수 없다. 사람이 느끼는 여러 감정 중에 죽음의 두려움이라는 것에 뿌리를 두고 있기도 하다. 강하게 믿고 있는 관념의 뿌리도 또한 우리가 잘 살펴보아야 한다. 우리는 이 단순한 사실을 쉽게 잊어버리고, 무게를 두지 않는다. 어렵다고 치부하며 관심을 두지 않는다. 겉으로 보이는 것에 치중한다. 주변의 죽음의 상황을 겪어보지 않은 사람은 없을 것이다.

죽음을 통해 삶을 돌아보고 나의 죽음을 마주하는 시간을 보내는 것을 강력히 추천한다. 그 시간을 통해 우리는 괴로운 현실이 죽고, 깨어 있는 새로운 삶이 탄생하는 것을 경험할 수 있을 것이다. 죽음을 가슴 미어지도록 아파할 필요가 없게 될 것이다. 너무나도 따듯했던 임종실 안에서 삶의 소중한 진리를 깨닫게 되어 감사하다.

05

의사와 환자의 마음의 거리

의사 국가고시를 준비할 때였다. 의사고시는 필기시험과 실기 시험으로 이루어져 있다. 실기 시험을 준비하며 조별로 의사, 환자 역할을 번갈아가며 연습했다. 같은 조의 동기 언니가 의사 역할을 하고 나는 환자 역할을 하고 있었다. 신체 진찰을 받으며 목 부위의 진찰을 하는 순서였다. 동기 언니는 나의 목을 만져보고 갑자기 놀란 표정을 지으며 말했다.

"성지야, 너 갑상선이 좀 큰 것 같은데?"

"제가요? 그럴 리가요."

"목을 보면 나비 모양으로 갑상선 경계가 잘 보이는 것 같아. 크기도 큰 것 같고."

"뭐 불편한 증상은 없었어?"

"가끔 갑상선 부위가 묵직한 느낌은 있었어요."

"내분비내과 진료 보아야 할 것 같은데?"

"그러네요, 언니 고마워요. 운 좋게 발견했네요."

실제로 진료를 보는 것처럼 현실 대화를 나누었다. 동기 언니가 이야기해주기 전에는 나의 갑상선이 크다는 것을 알아차리지 못했다. 갑상선 기능 이상으로 인한 특별한 증상은 없었기 때문이다. 추위를 잘 타는 편이라 갑상선에 이상이 있을까 염려가 시작되었다. 내분비내과를 예약하고 진료를 받으러 갔다. 수업에서 뵈었던 내분비내과 교수님께서 나를 반갑게 맞아주셨다. 갑상선 호르몬과 자가항체 검사를 받고 갑상선 초음파를 받게 되었다. 초음파를 해주시는 영상의학과 교수님은, 갑상선 약을 복용하고 있는지 짧게 물어보셨다. 검사 결과를 기다리는 시간에 굉장히 긴장되었다. 내가 어떤 중병이 있지는 않을지 걱정이 사라지지 않았다. 검사 결과를 확인하는 날, 교수님 방 앞에 대기 의자에 앉아 있는데 심장이 요동쳤다. 환자분들의 심정이 이런 심정이구나 체험을 하는 시간이었다. 다행히 검사 결과는 크게 나쁘지 않았다. 갑상선이 전체적으로 비대한 편이었고, 작은 양성 결절이 확인되었다. 그날 이후 갑상선 기능 검사를 2년마다 주기적으로 받고 있다.

"중이 제 머리를 못 깎는다." 혹은 "의사가 제 병 못 고친다."라는 속담이 떠올랐다. 아무리 의사라도 자기 스스로 자신에 관한 일을 객관적이고 좋게 해결하기는 어렵다. 그럴 때는 다른 사람의 도움을 받아야 쉽게 이룰 수 있다는 뜻이다. 다른 의사를 방문하여 진료를 보는 순간 나는 의사가 아니라 환자가 되었다. 환자로서 검사와 진료를 받을 때는 기분이 뭔가 이상했다. 의사이지만 나도 언제나 환자가 될 수 있는 동일한 사람이라는 것을 가끔 잊는 것 같다. 한편으로 환자의 입장을 느껴볼 수 있어서 오히려 좋은 경험이 되었다. 환자의 입장이 되어보는 것이 가장 환자를 이해하는 데 도움이 되었다.

환자분이 외래진료를 내원하면, 의사는 환자에게 많은 질문을 한다. 특히 처음 진료를 받는 환자에게는 주 증상, 과거 진단받은 병력, 다른 동반된 증상, 수술력, 가족력, 사회력, 신체 진찰을 한다. 그리고 의심되는 질환에 대해 설명하고, 추가 검사와 약 처방을 하게 된다. 짧은 시간에 꼼꼼히 확인하여 올바르게 판단하고 환자 교육까지 하려면 늘 시간에 쫓긴다. 거기에다 진료 외적인 환자분의 이야기나 질문 등을 받으면 마음이 더 급해지기도 한다.

의사와 환자 관계에 대하여 공부하며 '공감'이라는 단어를 수없이 들었다. 의과대학 학생 시절에는 '내가 경험하지도 않은 질병에 대해서 어떻게 공감하라는 것일까?'라고 생각했다. 다소 억지스럽다고 느꼈다. 의사의 역할이니까 들어주고, 이해하도록 애써보는 정도라고 느꼈다. 이론과 실제는 하늘과 땅 차이였다. 그저 잘 들어주고 상대의 원함을 들어주는 것만이 전부는 아니었다. 실제 진료 현장에서 환자들을 만나면서 어떻게 하는 것이 진정으로 공감하는 것인지 늘 고민했다.

공감(共感, Empathy)의 사전적 의미는, 대상을 알고 이해하거나, 대상이 느끼는 상황 또는 기분을 비슷하게 경험하는 심적 현상을 일컫는 말이다. 공감은 타인의 경험을 공유하며 상대의 입장에서 생각하고 배려하는 적극적인 능력이다. 그저 상대방의 상황에 대하여 동정이나 연민의 감정을 느끼는 것이 아니다. 공감 능력은 전반적인 삶의 영역에서도 필요한 덕목이다. 공감은 급변하는 시대적 상황에 대하여 다른 의견과 갈등을 해결하고 통합하는 제 3의 리더십으로 불린다. 의사뿐 아니라 현 시대를 살아가는 리더들에게 요구되는 역량이다. 달라이 라마는 그의 저서 『달라이 라마의 종교를 넘어』에서 이렇게 말했다.

"우리는 본래 공감하는 것을 좋아하고, 우리 삶에서 그것을 종종 찾아냅니다. 이러한 기쁨의 예는 우리가 어린아이에게서 느끼는 기쁨입니다. 우리는 아이를 향해 미소 짓거나 무엇인가를 주거나 이야기를 들려줄 때 아이들의 빛나는 얼굴 보기를 좋아합니다. 이와 똑같이, 자연적으로 우리는 사랑하는 사람의 행복에 함께 기뻐합니다."

공감의 본질은 나와 상대방이 다르지 않은 존재라는 것을 깨닫는 것에 있다. 공감 능력은 이미 우리 안에 내재되어 있다. 삶의 경험을 통해 우리는 우리 안에 있는 공감 능력을 일깨워야 한다. 한 사람, 한 사람 삶의 모습은 각양각색으로 다르다. 그러나 삶의 경험을 이어 깨달음을 얻게 되었을 때, 우리는 나와 다른 사람에 대해서도 공감할 수 있다.

세상에서 가장 어려운 일 중 하나는 사람이 사람의 마음을 얻는 일이다. 상대의 마음을 진정으로 공감하게 되면, 상대는 감동하고 그의 마음을 얻을 수 있게 된다. 우리는 바쁜 일상에 치여, 공감은 사치라고 생각한다. 마음의 여유가 있어야 할 수 있는 것이라고 여긴다. 그래서 우리는 '공감하는 척'을 한다. 본인만 알 수 있게 진심을 숨기고, 피상적으로 행동한다. 생존을 위해 어쩔 수 없는 '척'보다 함께 '진짜 공감'하는 사회를 만들어나가야 한다. 공감이야말로 사람이 살아가는 삶의 기본자세이기 때문이다.

내가 환자로서 진료를 받는 상황, 진정한 공감에 대하여 고민하는 시간을 통해 깨달은 것이 있다. 인간적으로 어렵더라도 환자에게 필요한 말은 해야 한다는 것이다. 의사로서 따듯한 공감은 필수이지만, 때론 현실적으로 필요한 조언을 해야 할 때가 많았다. 철저한 생활 습관 관리가 필요한 환자분에게는 단호한 표현도 필요했다.

환자분 스스로 병에 대해서 이해하고, 받아들이고, 잘 관리하도록 잘 안내하는 것이 의사의 역할이다. 환자분이 자신을 잘 돌볼 수 있도록 올바른 길을 비춰주는 것이 본분임을 잊지 않아야 한다.

나는 상대방에게 싫은 소리를 하지 못했다. 거절하는 것도 어려워서 부탁을 잘 들어주는 편이었다. 내가 한 번 더 참고, 희생하는 것이 편했다. 갈등 상황을 만나는 것이 두려웠던 것 같다. 또한 다른 사람의 감정까지도 내가 감당하려고 했다. 나의 감정을 돌아보고 해결하기도 바쁜데, 다른 사람의 감정까지 모두 이해하고 수용하려 했다. 그것은 진정한 공감이라고 볼 수는 없었다. 갈등이 오더라도 지혜롭게 풀어가면서 더 큰 성장을 한다는 것을 알지 못했다. 그리고 나의 생각을 잘 전달하고 싶어, 시간을 들여 고민한 후 말했다. 이러한 성격이 의사가 되고 나서 많이 교정되었다. 내 생각을 빠르고 정확하게 전달해야 하는 상황, 다른 의료진의 실수를 바로 잡아주어야 하는 상황, 응급 상황에서 감정을 잘 조절하고 현명하게 대응하는 상황 등 많은 일들을 겪었다. 자리가 사람을 만든다는 말이 딱 맞았다. 의사의 역할을 통해, 나의 부족한 점이 개선되었다.

앞으로 의사의 삶을 더 경험하며 나는 더 크게 성장할 것이다. 모든 사람과 상황은 나에게 깨달음을 주는 선생님이 되어준다. 그렇게 깨닫고 성장하는 삶의 여정을 멈추지 않으리라 다짐해본다. 그리하여 나는 환자분들에게 부드러운 카리스마를 가진 의사로 다가가고 싶다.

사람의 마음을 얻는 것만큼 사람을 변화시키는 것도 어려운 일이다.

많은 의사들이 이상적인 진료, 환자와의 좋은 관계를 꿈꾼다. 그러나 숨막히는 현실 앞에서 한낱 꿈으로 여기게 된다. 나는 현실을 부정하고 싶지 않다. 그리고 나에게는 현실을 바꿀 큰 능력이 없다. 그저 나 자신의 변화부터 시작하고자 한다.

의사와 환자 사이의 마음의 거리를 좁히기 위해, 내가 한 걸음 앞으로 다가가 볼 것이다. 천천히 걸음을 좁혀가다 보면 언젠가는 함께 손잡고 같은 길을 걸어갈 수 있게 될 것이라고 확신한다.

06

입 모양으로 그녀가 내뱉은 첫마디

생명을 연장하는 치료, 연명치료 중 하나로 인공호흡기 치료가 있다. 인공호흡기 기계를 연결하기 위해서는 '기도 삽관'을 해야 한다. 의학 용어로 인투베이션(Intubation)이라고 부르며, 숨 쉬는 길목에 호스를 삽입하여 기도를 확보하는 술기를 말한다. 인공호흡기 치료를 교과서 서면으로 배우는 시절을 지나, 처음으로 연습해보았던 것은 국가고시를 준비할 때였다. 실제 사람 모습으로, 술기 실습을 할 수 있는 모형으로 실기시험 준비를 하고 있었다.

기관 삽관의 과정을 간략히 살펴보면 다음과 같다. 기도를 개방하기 위해 머리를 젖힌 후, 구강 내 이물질이 없는지 확인한다. 산소를 공급하는 백 마스크를 짠 후에, 후두경이라는 낫 모양의 기구를 이용해 성대 사이 공간을 확인한다. 기관 튜브를 길이에 맞게 삽입 및 고정한 후, 잘 들어갔는지 청진하여 확인한다.

실제로 연습해보니, 후두경으로 성대를 확인하는 과정에서 손의 강한 힘이 필요하다는 것을 알았다. 나는 키나 체격이 있는 편이었지만, 손의 근력은 상대적으로 약했다. 열심히 후두경을 위로 들어올렸지만, 호스를 넣을 공간이 잘 보이지 않았다. 하루 종일 기관 삽관 모형과 씨름하다가 결국 에너지가 모두 방전되어 뻗어버렸다. 잘 안 되는 것을 끙끙대며 하려고 하니 몸과 마음이 지치는 순간이었다. 종이로만 배우다가 모형이지만 실제로 수행하는 것은 전혀 다른 이야기였다.

모형으로 실습을 하면서 만족스럽게 못 했던지라, 실제 진료 현장에서 시도하는 것은 더욱 어렵게 느껴졌다. 내과 레지던트 생활을 하면서 기도 삽관은 종종 마주치는 상황이었다. 기도 삽관은 의식이 쳐지고, 산소 수치가 떨어지거나, 심정지 상황 등 촌각을 다투는 위급한 상황에서 주로 급하게 진행된다. 정해진 시간에 여유를 가지고 하는 술기가 아니었다. 그래서 술기를 빨리 배우고 싶었지만, 먼저 해보겠다고 선뜻 나설 수 없었다. 나는 경험이 없었던지라 레지던트 초반에 기도 삽관 상황에서 능숙한 선배 레지던트들이 나서서 도와주셨다. 하지만 언제까지나 선배들에게 의지할 수 없는 노릇이었다. 내과의사가 되려면 배워야 하는 기본 술기 중 하나였기에, 기회가 주어지면 잘 해보리라 마음먹고 있었다.

레지던트 1년 차가 끝날 무렵 12월 호흡기내과 일반 병동 주치의를 보고 있었다. 호흡기내과 환자분들은 특히 자발 호흡이 어려운, 호흡부전 상황이 자주 발생하므로 기도 삽관을 하는 일이 많았다. 처음으로 기도 삽관에 성공했던 순간을 아직도 잊을 수 없다. 고령의 폐렴 환자분이셨는데, 심한 폐렴으로 인하여 인공호흡기 치료 및 중환자실 치료를 진행해야 하는 상황이었다. 기관 삽관을 위해 준비 상황을 확인하고 심호흡을 했다. 배운 대로 병동의 처치실에서 기관 삽관을 일사천리로 진행하였다. 늘 도와주시던 선배가 뒤에서 멀찌감치 지켜보고 있었다는 것을 뒤늦게 깨달았다. 환자분의 기도는 크게 잘 보였고, 기도 삽관에 하고 산소 포화도를 잘 유지할 수 있었다. 그 후 중환자실로 환자분을 안전하게 전실할 수 있었다.

그 이후로 기도 삽관 상황을 두려워하지 않고 적극적으로 할 수 있었다. 연습과 경험을 통해 성장할 수 있었고, 내과의사로서의 전문성을 길러나갈 수 있었다. 여러 번의 작은 성공을 통해 자신감을 얻었다. 그 이후부터는 다음 단계가 기다리고 있었다. 중환자실에서 인공호흡기를 적용하고 있는 환자들이 보이기 시작한 것이다.

기도 삽관을 시작하는 것을 배우니, 이제는 기도 삽관 호스를 빼는 방법을 배워야 했다. 인공호흡기 치료는 호흡부전의 원인을 잘 치료하여 자발 호흡을 할 수 있도록 시간을 버는 방법이었다. 중환자실 주치의를 보면서 인공호흡기를 오래 달고 있으면 좋지 않다는 것을 알게 되었다. 인공호흡기 호스는 임시적인 기도 유지 방법이라, 2주내로 뺄 수 있는지를 항상 평가해야 했다. 2주를 넘어가기 시작하면 목에 기관을 절개하여 인공호흡기를 유지하는 방법으로 넘어가게 되었다. 일반적으로 환자분의 의식이 돌아오고, 폐 상태가 좋아지면 자발 호흡을 확인 후에 삽입된 튜브를 빼낼 수 있었다.

'기도 화상'을 입은 60대 여성 환자분이 응급실 통해 중환자실로 입원하였다. 집에 발생한 화재로 인하여 유독가스로 인해 의식이 떨어진 분이었다. 의식이 처지면서 폐로 이물질이 넘어가, 흡인성 폐렴도 함께 확인되었다. 119 구급대에서 빠르게 기도 삽관 후 병원으로 오셨고, 다행히 뇌 손상을 입지 않으셨다. 입원 후 하루가 지나가 의식이 명료하게 돌아오셨다. 자발 호흡 모드의 인공호흡기로 설정하고, 환자분을 진료하였다. 인공호흡기 호스를 달고 있는 환자분은 제발 좀 호흡기를 빼달라고 연신 움직이셨다. 잘못하면 손으로 호스를 빼실 수도 있는 상황이라 우려가 되었다. 다행히 의식이 명료하고 온순하신 성격이라 잘 협조해주셨다. 손으로 종이에 글을 써가며 답답함을 표현하셨다.

"입안에 있는 이것 좀 빨리 빼주세요."

"저 가족도 없고, 치료비도 없어요."

"퇴원하게 해주세요."

환자분은 기도에 화상을 입은 상태라 기도가 손상되어 위축되어 있었다. 인공호흡기 호스를 제거하면 호흡이 어려운 상태였다. 환자분께 수시로 설득하고 설명했다. 환자분은 목 부위에 기관절개를 해야 하는 상황이셨다. 기관절개술에 대해서 처음 듣는 분들은 잘 몰라서 두렵기에 거부감을 내비치신다. 기도가 회복되면 관을 빼고 절개 부위가 붙게 한다. 기관절개술은 그저 치료의 한 과정일 뿐이라는 것을 자세히 알려드렸다.

환자분은 완강하게 거부하고 있었다. 하지만 환자분이 원하는 대로 들어드릴 수 없는 상황이라, 답은 정해져 있었다. 주치의인 나를 포함하여 담당 간호사와 환자의 지인, 교수님께서 만날 때마다 기관절개술을 받으셔야 한다고 반복하여 설명해드렸다. 다른 방법이 없다는 것을 이해하셨는지, 드디어 치료를 진행할 것을 동의하고 빠르게 기도절개술을 진행하게 되었다. 입안의 호스를 빼고 난 후 환자분은 입 모양으로 내게 말씀하셨다.

"감사합니다."

"숨 쉬는 것도 더 편해졌어요."

천천히 입 모양으로 나에게 말씀을 하셨다. 환자분의 입장을 생각해보면, 집에 불이 났고, 중환자실에 있는 자신의 처지로 인하여 큰 실의에 빠져 절망적이셨을 것이다. 거기에 목에 구멍을 뚫어야 한다고 하니, 두려움도 크셨을 텐데, 잘 따라와주셨다.

"지금 치료를 잘 받고 계세요!"
"앞으로 더 좋아지실 테니 너무 걱정하지 마세요."

애쓰며 입 모양으로 어떻게든 말하려고 하는 환자분에게 마음을 다해 응원해드렸다. 이후 환자분은 인공호흡기 치료를 잘 마치셨고, 폐렴도 좋아지셨다. 전신 상태도 회복하여 일반병실로 퇴실하셨다. 건강한 모습으로 퇴원하셨다는 소식도 금방 듣게 되어서 중환자실 주치의로서 무척이나 뿌듯한 순간이었다.

인공호흡기 치료를 시작하고, 유지하고, 마무리하는 과정을 겪으면서 힘든 치료를 잘 견디시는 환자분들이 대단했다. 무의식적으로 드러나는 정신력과 삶의 의지가 느껴지기도 했다. 한편으로 인공호흡기를 떼고 난 후, 의식이 명료하게 돌아오신 어느 환자분은 두 번 다시는 인공호흡기 치료를 받지 않겠다고 말씀하시는 것을 듣기도 했다. 숨을 이어붙이기 위해 목구멍으로 호스를 욱여넣는 것은 생각보다 끔찍한 일이기도 한 것 같다. 환자의 입장에서 생각해보면 그렇게 말씀하시는 것이 이해가 되기도 했다.

인공호흡기 치료를 포함하여 연명치료의 기술이 나날이 발전하고 있다. 눈부신 의료기술의 발전으로 편리함을 넘어 이 땅에서의 시간을 벌 수 있는 기회가 주어진다. 내가 배운 의료 기술이, 다른 사람이 이 땅에서의 삶을 소중하고 값지게 보내는 데 보탬이 된다고 생각하니 감사한 마음이 들었다. 환자분이 입 모양으로 어렵사리 내뱉은 감사의 표현을 들었을 때 참 기뻤다. 그리고 그분이 건강하게 회복된 모습을 마음속으로 생생히 그려볼 수 있었다.

다음은 누구보다도 나 자신에게 말해주는 말이다. 진료의 현장에서 잊지 말 것. 내가 만나는 모든 상황이 나에게 축복이고, 지혜와 깨달음이 된다는 것을.

07

몸보다는 마음이 아픈 사람들이 있다

나는 어린 시절 아버지와의 관계로 인해서 아픈 적이 많았다. 아버지는 아버지이면서, 나에게 공부를 가르쳐주시는 선생님이셨다. 아버지께서는 집에서 개인 과외 지도를 하셨다. 오랜 기간 학원 강사를 하시다가, 개인 과외를 시작하셨다. 수강하는 학생들이 점점 많아지게 되어 내가 쓰는 방 안으로 언니, 오빠들이 들어오기 시작했다. 내 방 안에서 수강생 언니, 오빠들이 큰 상을 펼치고 바닥에서 공부하게 되었다. 나는 내 공간을 침범 당해서 많이 불편했다. 그들은 공부에 집중하다가 옹기종기 모여 있으니 수다 삼매경에 빠지기도 했다. 집에서 밥도 편하게 먹고 싶은데, 어떤 언니는 내가 뭘 먹고 있는지 내 옆에 와서 구경하기도 했다. 여러모로 불편감이 생기다 보니 아버지께서는 따로 아파트를 구하셔서 공부방을 운영하셨다.

동생과 나는 집과 공부방을 오가며 아버지께 공부를 배웠다. 우리는 학교에서 돌아와 공부방 갈 준비를 하며 챙기는 것이 있었다. 어머니께서 아버지께서 드실 저녁 식사 거리를 싸주시면, 바구니로 나르는 일이었다. 우리는 열심히 아버지의 식사를 날랐다. 아버지께 공부를 배우면서 나는 아버지가 아버지로 느껴지지 않았다. 어린 마음으로 보았을 때, 아버지에게는 나보다 학생들이 더 중요해 보였다.

아버지는 밖에서는 한없이 자상하고 유머 있는 선생님이었지만, 가족들과 있을 때는 무뚝뚝하고 별로 표현이 없으셨다. 가끔 신경질적인 부분도 있으셨다. 아버지는 어린 시절에 부유한 가정의 장남의 삶을 사셨다. 그리고 얼굴도 멋있고, 운동도 잘하고, 공부도 1등에, 반장을 도맡으셨다. 지금으로 말하면 '엄친아' 중의 '엄친아'셨다. '엄친아'라는 뜻은 능력이나 외모, 성격, 집안 등 거의 모든 면에서 완벽한 남자를 빗대어 이르는 말이다. '엄마 친구 아들'의 줄임말로서, 부모가 자식을 다른 아이와 비교할 때 주로 친구의 자녀를 언급하는 데에서 유래한 말이다. 아버지는 그 시대에 유능한 인재들이 가는, 전국적으로 유명한 대전고등학교를 졸업하셨다. 하지만 아버지는 고등학교 시절 몸이 아프셔서 대학 진학에 좌절을 겪으셨다. 아버지는 젊은 시절 순천향대학교 의과대학에 입학할 것을 제의받기도 하셨다고 들었다. 아버지의 황금빛 전성기 시절 이야기를 어릴 때 많이 들었던 기억이 난다.

아버지는 나에게 많은 가르침을 주시려고 했던 것 같다. 능력이 넘치는 아버지의 딸로서 부족함이 있는 모습을 보기 싫으셨는지 싶었다. 나는 아버지에게 편하게 말하는 것이 어려웠다. 어릴 때 아버지가 담배를 그만 피우셨으면 하는 마음에 아버지한테 편지를 쓴 적이 있었다. EBS 프로그램 중 〈명의〉라는 프로그램을 열심히 보면서, 담배의 유독한 물질에 대해서 조사해서 인쇄를 했다. 인쇄물과 함께 아버지가 담배를 끊어야 하는 이유에 대하여 장문의 편지를 여러 차례 보내기도 했다. 어린 마음에 참 귀여웠을 것 같다. 하지만 아버지는 나를 부르시더니, 내가 쓴 글씨 중에 맞춤법을 틀린 것을 교정해주기만 하셨다. 내 편지를 받고 어떤 생각이나 느낌이 들었는지는 말씀이 없으셨다. 나는 아버지의 무심함에 상처를 여러모로 입었던 것 같다.

어린 시절의 아버지와의 관계에서 나 혼자서 아파하는 시간이 많았다. 아버지와 대화를 조금 편하게 나누었다면 좋았을 것이라는 생각이 들었다. 나 혼자 생각하고 불만을 품다 보니, 아버지에 대한 오해가 나도 모르게 쌓이고 있었다. 성장을 하면서 다른 사람들을 만나보니, 가족 관계에서 갈등을 겪지 않은 사람들이 없었다. 나의 이야기는 양반 축에 속하였다. 부모로부터 학대나 폭력을 당했던 친구도 있었고, 경제 문제, 술이나 도박 중독, 외도 등 수많은 불화로 가정이 깨진 모습을 흔하게 볼 수 있었다. 그리고 병원에서 만나는 환자분들의 이야기 또한 듣다 보면, 눈물 없이 들을 수 없는 가정사가 많다는 것을 알았다.

가족들과의 관계는 참 소중하지만, 우리에게 여러 고민과 어려움을 겪게 한다. 핏줄로 연결된 관계는 무 자르듯 잘라낼 수 없다. 하늘이 맺어주었다고 하여 어려운 말로 '천륜'이라고 표현하기도 한다. 어떻게 보면 태어나서 처음으로 관계를 맺으면서 여러 감정과 경험을 시작하는 관계가 가족 관계일 것이다. 어린 시절에 느꼈던 여러 감정은 나의 무의식 세계에 잠재워져 있다. 그런 내면의 자아를 알아주지 않으면, 건강한 관계를 맺기 어렵게 된다. 마음의 가시가 자라나 나 스스로를 찌르고, 남도 찌르게 되기도 한다. 그래서 아픈 마음이 있다면 잘 낫도록 자주 들여다보아야 한다.

몸과 마음은 연결되어 있다. 몸이 아프면 정신도 약해지고, 마음이 아프면 몸으로 병적인 증상이 나타나기도 한다. 살면서 몸에 통증이 생기거나 문제가 생기면 일상생활에 지장을 받게 된다. 하는 일을 멈추게 되고, 갑자기 환자가 되어 침대에 몸져눕게 된다. 다양한 진통제를 먹어보기도 하고, 잠을 푹 자고 쉬는 시간을 갖는다. 통증은 우리 몸을 지켜주는 방어기작 중 하나이다. 통증을 느끼지 못한다면 여러 위험 상황에 대처하지 못하고 신체가 손상을 받게 될 것이다. 몸의 통증처럼, 마음에서 느끼는 통증도 마찬가지이다. 마음에서 통증을 느낀다면 마음이 손상되지 않도록 하는 방어 체계가 가동된 것이다.

만성적이며 광범위한 전신 통증을 느끼는 병 중에 '섬유근육통'이라는 병이 있다. 원인으로는 아직 밝혀져 있지 않지만 통증에 대한 지각 이상으로 여겨진다. 중추신경의 신경전달체계의 불균형으로 인하여 통증을 적절하게 처리하지 못하게 된다. 또한 우울, 불안 등 정신과 질환 관련 증상을 30%가량 동반하는 것으로 알려져 있다. 질환 자체가 신체를 불구로 만들거나, 퇴행성 질환에 속하지 않는다. 병의 경과는 경한 통증부터 일상생활이 힘들 정도로 심한 통증을 보이는 등 환자에 따라 천차만별이다. 그래서 병에 대한 이해가 필요하고, 적절한 운동, 수면, 통증에 대한 약물 치료를 받아야 한다.

의사의 입장에서는 '섬유근육통' 환자분들에게 해드릴 수 있는 것이 많지 않다. 통증을 유발할 수 있는 다른 원인을 감별하기 위해 여러 검사를 하게 된다. 섬유근육통 환자분들은 일반적으로 검사 결과는 정상으로 나온다. 검사 결과가 좋다고 설명하여도 환자분들은 믿을 수 없다는 표정을 종종 지으신다. 통증이 이렇게 심한데, 검사 결과가 어떻게 괜찮을 수 있는지 의문을 품게 되는 것이다. 이에 대해 의사는 부작용을 염두에 두고 단계적으로 진통제를 처방하고, 통증 관리를 위해 정신과적 면담을 권유하게 된다.

병원에서는 몸이 아픈 사람들도 많이 뵈었지만, 반대로 마음이 아픈 사람들을 많이 만나게 되었다. 나는 크게 신체의 증상으로 나타나지는 않았지만, 나 또한 마음이 아픈 사람으로서 그분들의 아픔에 공감할 수 있었다.

"시간이 약이다."라는 속담이 있다. 시간이 지나면 이전에 느꼈던 강한 감정들은 수그러들고 잊혀지기도 한다. 하지만 완전히 깨끗하게 사라지는 것은 아니다. 나의 마음 깊은 곳에 흔적을 남기기도 한다. 마음속에 간직된 증오심은 우울증과 여러 비정상적인 행동을 일으킨다. 마음의 고통을 넘어서 한을 맺게 만들기도 한다. 시간이 흘러 잊혀졌다고 하더라도 나의 마음이 안녕한지 늘 주의 깊게 살펴보고 돌아봐주어야 한다.

나는 나의 삶에서 처음으로 마주한 아버지와의 관계 속에서 아픔을 경험했다. 그리고 충분히 그 아픔의 시간을 보냈다. 몸의 통증도 괴롭겠지만, 마음의 통증을 견디며 이겨내는 것은 정말 쉽지 않은 일이었다. 내 마음이 회복되는 시간 동안 나는 나 자신과 아버지를 용서했다. 나의 있는 모습 그대로, 그리고 아버지의 있는 모습 그대로를 그저 바라보고 인정해주었다. 그리고 마음속으로 '용서합니다'라는 말을 되뇌며 기도했다.

마음의 아픔이 병으로 이어지지 않도록 나 스스로 나를 지키고자 노력했던 것 같다. 아버지는 나의 마음을 돌아볼 수 있게 해주는 고마운 존재였다.

나의 모습을 있는 그대로 바라보며 마음의 아픔과 고통에 직면했다. 아픔을 겪는 시간 동안은 아무것도 보이지 않는다. 오랜 시간이 걸렸고, 아직도 내 마음에 남아 있는 앙금이 있을 수도 있다. 더 내가 돌아보아야 할 부분이 남아 있다면 나는 온전히 그 마음을 헤아려주고자 한다. 내가 겪어내야 했던 여러 상황에는 분명한 목적이 있음을 깨닫고, 삶이 주는 교훈을 기쁘게 맞이하며 살아야겠다. 마음이 아픈 사람들의 이야기를 통해 나는 내 마음의 소리와 느낌에 집중할 수 있었다.

08

의사도 돌봄이 필요한 존재다

의학을 공부하면서 직업병이 생겼다. 바로 '건강염려증'이다. 많은 의대생, 의사들도 본인의 건강에 대하여 걱정하는 순간이 온다. 학생 때는 새로 배우는 과목마다 지식이 쌓이면서 내가 무슨 병에 걸린 것 같다고 서로 걱정을 털어놓기도 한다.

레지던트 때는 실제로 건강에 이상이 오기도 했다. 속쓰림, 비만 등 대사질환에 목이며 어깨며 근육이 뭉치고 쑤셨다. 밤샘 당직을 서다 보면 수명이 줄어드는 느낌을 왕왕 받기도 했다. 살아 있는 시체처럼 흐느적거리며 걸어 다니기도 했다. 차라리 당직 수당을 받지 않고 당직을 서지 않고 싶다고 느꼈다. 가장 힘들었던 것을 물어본다면 나는 야간 당직 근무를 제일 먼저 손꼽게 되었다.

레지던트 1년 차 시절, 뒷목과 어깨에 근육통이 심하게 온 적이 있었다. 일주일 넘게 결리는 통증이 사라지지 않았다. 그래서 재활의학과 진료를 보고 근막통증증후군에 대하여 통증유발점 주사를 어깨 부위에 맞게 되었다. 진료를 보던 그날 밤 당직 스케줄이 예정되어 있었다. 통증 없이 당직을 잘 서보고자 진료를 받고 주사를 맞기로 결정한 것이었다. 나는 처음 맞는 주사였다. 하지만 일반적으로 환자들이 맞던 것을 자주 보았었고, 간단하게 리도카인을 주입하는 것이어서 걱정하지 않았다.

어깨 부위에 주삿바늘이 천천히 들어갔다. 약이 주입되는 그 순간 나는 극심한 통증을 느꼈다. 그러면서 갑자기 아득해지더니 눈앞이 흐려지고 시커멓게 변했다. 내가 '실신'을 하게 된 것이었다. 나는 누구보다 내가 건강하다고 자부했다. 병원에 입원해본 적도 없고 아파서 약을 먹어본 적도 없었다. 그렇게 건강하던 내가 레지던트 삶을 살아가면서 자주 잔병치레를 하게 되었고, 어깨 통증으로 주사를 맞다가 실신까지 하게 된 것이다. 내가 실신하게 되면서 주사를 맞던 진료실은 아수라장이 되었다. 여러 의료진들이 모여들었고, 눈을 떠보니 한 여자 인턴 선생님이 내 심장의 심전도를 촬영하고 있었다. 맥박이 50대까지 저하되긴 하였지만, 의식이 금방 돌아왔고 특별한 일은 다행히 일어나지 않았다. 나는 옆에 있는 침대에 누워서 몇 시간 동안 수액을 맞게 되었다. 그 순간 쌓여온 모든 서러움이 몰려들었다. 혼자서 훌쩍이며 동기 친구에게 전화를 걸었지만, 회진을 돌고 있어서 내 상황을 말할 수 없었다.

다행히 선배 레지던트가 달려와서 내 옆에 있어주셨다. 그러고 오후 회진을 돌아야 하는 시간이었데, 교수님들께서 내가 수액을 맞으며 누워 있는 곳으로 회진을 오셨다. 어떻게 된 일이냐고 걱정해주시면서 기운차리라고 북돋워주고 가셨다. 그날 결국 당직 순번을 바꾸고 집으로 돌아와 일찍 잠을 청했다. 서러운 생각에 쉽게 잠들지 못하였다.

아무래도 전공의 생활 동안은 처음 배우게 되는 진료 현장으로 인한 스트레스, 건강에 무리를 주는 스케줄로 힘들 수밖에 없었다. 이렇게 병원 생활에 찌들다가 나도 일찍 죽는 것이 아닌가 하는 두려움에 휩싸인 적도 많았다. 과로사하는 전공의의 사망 소식을 전하는 뉴스를 몇 번 접한 적이 있었다. 살인적인 수련 스케줄로 인하여 죽음으로 내몰린 생명이 너무 안타까웠다. 무언가 남 이야기 같지 않았다. 이런 큰 사건이 일어나야 여러 제도가 만들어지고, 사람들이 관심을 갖게 되는 것 같다. 그래서 이제는 '전공의 특별법'이라는 법이 만들어졌다. 주 80시간 근무를 토대로 법적으로 근무시간을 보장해주는 체계가 생기게 되었다. 주 100시간 넘게 일하며, 24시간 넘게 연속 근무를 해온 전공의 생활이 조금씩은 밝아지고 있는 듯하다.

나보다 2년 위 선배 때만 해도 '100일 당직', '벌당'이라는 것이 있었다고 들었다. 내과 레지던트를 시작하면서 환자 파악을 하기 위해 100일

동안 집에 가지 못하고, 병원에서 당직을 서야 했다. 그리고 큰 잘못을 저지르거나 미운털이 박히면 그에 대한 벌로 당직을 서게 하는 '벌당'이라는 것도 존재했다. 개인적인 중요한 업무나 상황들이 있었을 텐데 그런 것을 희생하는 것이 당연한 시절이 있었다고 들었다. 나는 겪어보지 않았고, 선배에게 전해 들은 이야기이지만, 들을 때마다, 씁쓸한 의사의 인생이 불쌍하게 느껴졌다.

의사의 무게를 견디기 위해서 비상식적인 스케줄을 허용하는 것은 시대에 뒤처진 발상이라고 생각한다. 이전에는 그것을 당연하게 받아들였을지 모르지만 지금 시대에는 받아들이기 힘든 옛 사고이다. 각 세대마다 사회적 분위기와 발전 정도가 다르다. 시대가 지나면서 여러 기술과 규모가 화려해지고 발전한 만큼 사람들의 의식도 깨어나고 발전해야 한다고 생각한다.

많은 사람들이 의사의 삶을 궁금해한다. 최근 인기를 끈 의학 드라마 〈슬기로운 의사 생활〉이라는 드라마를 본 적이 있을 것이다. 의사의 생활사를 재미와 감동으로 풀어 쓴 스토리가 가득 담긴 내용이었다. 나는 의학 드라마를 보는 것을 그렇게 즐기지는 않았다. 내가 겪는 현실과의 괴리감을 느꼈기 때문에 의사의 모습을 미화하는 것 같았다. 그리고 내 모습을 보는 것 같아서 부끄럽기도 하고, TV 프로그램을 볼 때만큼은 병원 생활을 잊고 싶었다. 그래서 많은 사람들이 좋아하는 의학 드라마에도 크게 관심을 갖지 않았던 것 같다.

어느 날 TV를 켰는데 〈슬기로운 의사 생활〉이 방영되고 있었다. 순간 펼쳐지는 드라마 장면이 눈에 들어왔다. 수술을 받은 어린아이가 어머니와 함께 외래진료를 보는 상황이었다. 수술 후 어린아이의 증상이 어땠는지 의사가 순조롭게 질문하고 있었다. 그때 아이의 어머니가 둘의 대화에 갑자기 끼어들었다. 아이의 증상이 어떻다고 어머니로서 본인이 느낀 것을 말했다. 아이가 다 말할 수 있는데도 아이가 말하지 못하게 막았다. 그때 그 의사는 "아이가 누구보다도 자기 생각을 잘 말할 수 있습니다. 저는 아이에게 물어보았는데요."라고 하면서 친절하게 아이와의 면담을 이어나갔다. 어머니가 말할 때 아이는 답답하다는 표정이었다. 말할 기회를 얻은 아이는, 본인이 느끼는 생생한 증상이나 경과에 대해서 밝은 얼굴로 털어놓았다. 아이의 말을 경청한 의사는, 수술 경과가 좋으니 외래진료 기간을 더 길게 잡아나가자고 하면서 진료를 마무리하였다. 아이에게 애정 어린 마음으로 진정성 있게 진료를 보는 의사의 모습이 인상적이었다.

나는 실제로 내가 겪었던 상황과 정말 유사하여서 그 장면에 공감이 갔다. 어머니라면 사랑하는 아이가 아프거나 문제가 생기지 않기를 바랄 것이다. 하지만 그 또한 균형을 잘 유지해야 한다. 모든 것을 다 해주기보다는 아이가 스스로 경험하고 헤쳐나갈 수 있도록 옆에서 돕는 것이 부모의 역할이라고 생각한다. 힘들지 않도록 모든 문제와 어려움을 옆에서 없애주려고 하다 보면, 아이가 스스로 문제를 해결하고 실패에서 일어서는 방법을 배울 기회가 사라진다. 그리고 무엇보다 자신을 돌보는 능력을 기를 수 없게 된다.

의학 드라마를 보면서 나의 모습이 그 안에 들어 있다는 것을 알게 되었다. 다른 사람들은 의사가 된 것을 모두 부러워하는데, 왜 나는 나의 모습을 부끄럽게 생각했을까. 나의 모습을 인정하고 받아들이는 연습을 많이 해보지 못하였다. 앞으로는 다소 현실과 거리감이 있을지라도 나의 마음을 돌아보고, 마음 건강을 위해서 의학 드라마를 보기로 했다. 관찰자의 관점에서 그 장면의 의사들이 내가 된다고 생각하며 보는 연습을 해야겠다.

의사는 의사이기 전에 사람이다. 만나는 환자들과 똑같은 존재이고, 돌봄이 필요한 사람이다. 사람으로 살아가면서 마음 건강을 잘 관리하는 것이 참 중요하다. 의사로서 신체의 건강은 늘 중요시하지만, 마음의 건강을 간과하기는 쉽다. 마음은 겉으로 보이지 않기 때문이다. 정말 인생에서 중요한 본질은 겉으로 보이는 것보다 보이지 않은 것에 있다. 그러므로 의사들도 환자들의 건강을 염려하기에 앞서 본인의 마음과 신체의 건강 모두 잘 돌볼 줄 알아야 한다.

의사는 자신을 돌아볼 수 있는 거울과 같은 도구가 필요하다. 분주한 의료 현장에서 감당해야 할 무거운 책임감 앞에서 휴식과 일의 균형을 잘 지켜나가야 한다. 술이나 담배, 향락적인 것에 의존하기는 쉽다. 그러나 그런 방법들은 나의 몸과 마음을 오히려 망치게 한다. 스트레스를 건강하게 풀 수 있는 나만의 건전한 배출구를 꼭 찾아야 한다. 그리고 무엇보다 진실한 내 모습을 마주하는 시간을 통해 우리는 '회복 탄력성'을 길러낼 수 있다. '회복 탄력성'이란 다양한 역경에 대하여 그것을 발전의 기회로 삼아 일어나는 마음의 근력을 일컫는 말이다. 시련 속에도 회복할 줄 아는 건강한 마음으로 살아가야 진정 슬기로운 의사의 삶을 살아갈 수 있을 것이다.

09

언제나 새로운 꿈이
지금의 나를 있게 했다

병원 생활에 몸담게 되면 육체적으로 정신적으로 힘든 그야말로 극한 상황을 경험하게 된다. 그러다 보면 겉으로 포장한 모습은 사라지고, 본래의 성격이 드러난다. 사람은 겪어봐야 안다는 말처럼 오랜 시간 다양한 상황 속에서 그 사람의 인성이 환히 드러나게 된다. 특히 병원 사회는 좁아서 불량한 평판에 대해서는 삽시간에 퍼지게 된다.

"열 길 물속은 알아도 한 길 사람 속은 모른다."라는 말이 있다. 성인이 되고, 사회생활을 시작하면 인간관계의 쓴맛을 경험한다. 개개인이 어떻게 생각하고 느끼는지는 천차만별로 다르다. 또한 상대방과 조금 더 친밀해지면, 장점보다 단점이 눈에 들어오기 시작한다. 그러면서 상대의 본 모습을 마주하게 되고 크게 실망하기도 한다.

나의 20대의 젊음을 공부와 병원 생활에 바쳤다. 이 생활은 혼자 하는 것이 아니었기에, 여러 사람에 치이고 상처를 크게 받는 일이 생겨났다. 결국 나는 자신을 잃어버리고 방황하게 되었다. 다른 사람에게 나의 감정을 투사하며 다른 사람을 탓하고 있는 나를 발견했다. 이렇게 되다가는 점점 더 내가 힘들어질 것 같은 느낌이 들었다. 젊음을 대가로 얻은 소중한 경험의 뒤편에는 어두운 그림자가 있었다.

그래서 나는 나에게 조용한 휴식 시간을 주며, 내면의 감정을 돌아보는 시간을 가져보기로 했다. 거울을 바라보며 나의 얼굴을 쳐다보며 마음을 비워냈다. 이내 어두워지는 내 얼굴을 발견했다. 슬퍼하는 내 모습을 직면하려고 하니 무서웠다. 하지만 용기 내어 내 얼굴을 빤히 쳐다보며 내 마음을 알아주고자 버텨보았다. 숨 가쁘게 달려온 병원 생활을 떠올려보니 안타깝지만 '감옥'이라는 단어가 떠올랐다. '감옥에서 나를 좀 꺼내줘.'라고 나의 내면의 억눌린 감정이 말하는 것을 들을 수 있었다. 눈물이 터져 나오면서 나의 숨겨진 마음을 알아주었다.

만나는 사람들이 아무리 나를 칭찬하고 응원해주어도, 나 자신이 나를 스스로 칭찬하고 응원해주는 것을 따라갈 수는 없다. 나는 나 자신을 늘 채찍질했고 가혹하게 대하였다. 내 감정을 무시하고 다른 사람이나 상황이 나에게는 더 중요했다. 그 결과로 나는 감정이 메마르고 쉽게 마음이 지쳐버리는 상황에 오게 되었다. 막다른 골목을 마주하고 나서야 나의 마음속 깊은 감정을 알아주는 시간이 필요함을 깨달았다. 서투르지만 나만이 할 수 있는 일이기에 피하지 않고 마주해보았다. 생각보다 나의 억눌린 감정들은 쉽게 모습을 드러내었고, 마음 깊이 알아주니 금세 사라지는 것을 경험할 수 있었다.

힘든 상황 속에서 학생 때 일기에 썼던 글귀가 있었다. 지금보다 어린 나이였지만, 정신적으로는 성숙했던 시기였다.

인턴, 레지던트를 보내며 힘들 때 꺼내서 보았던 글이었다.

"그래. 이 답 없는 눈물 속 절규 속에서 찾아낸 게 있다. 용기.
나에게 용기를 좀 주세요. 나에게 힘을 좀 주세요.
나에게 그 일을 할 용기와 힘이 필요한 거였다.
그래 내게 필요한 것이 용기와 힘이다.
내게 용기와 힘을 주는 것은 무엇일까.

과거의 상처와 실패
감정과 눈물을 곱씹어 봤자
나에게 유익이 될 것이 하나 없다.
쉽게 잊혀질 거다.
그저 말 같지 않은 것으로 위로하지 말고

그저 묵묵히 천천히 걸어가보자.

내가 스스로 용기와 힘이 되자.

나는 이미 잘하고 있다."

"사람은 경험을 통해 성장하고 실수를 통해 배운다. 처음부터 완벽하게 할 수 없다. 바쁘고 복잡한 하루지만, 이러한 과정에서 다듬어지는 과정이 값진 것이다. 올바르지 못한 모습에 분노하고 타인을 원망하기보다, 내 마음을 지켜야 한다. 성공과 실패 모두 나를 성장시키는 발판이 된다. 어떤 상황이 펼쳐지든 나에게 이득이 될 수밖에 없다. 그러므로 마음을 다스리고 올바른 판단을 하도록 평정심을 찾자."

힘든 상황 속에서 내가 썼던 글귀들은 참으로 훌륭했다. 내가 쓴 글을 다시 읽으면서 위기의 순간을 버틸 수 있었다. 그리고 이제는 간신히 버티기만 해온 삶에서 벗어날 수 있었다. 삶을 전반적으로 돌아보는 마음의 여유가 생긴 것이다.

거울을 들여다보며 그동안 내가 알아차리지 못했던 내 마음의 소원을 들여다보기로 했다. 나는 어릴 때부터 하고 싶은 것, 되고 싶은 것이 많은 소녀였다. 일기장에 가득 내가 하고 싶은 일을 적으며 즐거운 상상을 하기도 했다. 그리고 가까운 과거, 인턴 시절에 갖고 싶었던 목록을 살펴보았다. 크록스, 카메라, 나만의 차, 갤럭시 노트 등 갖고 싶은 것들이 기록되어 있었다. 놀랍게도 목록을 적고 3년이 지난 지금, 내가 사고 싶었던 것들을 대부분 소유하고 있다. 소원을 펼쳐보고, 실제로 이룬 것을 확인하니 신기할 따름이었다. 내가 눈치채지 못하고 있었지만 나는 꿈이 많은 사람이고, 그것을 이루고 있는 사람이라는 걸 발견하게 되었다.

어릴 때 즐겨 보았던 〈카드캡터 체리〉라는 만화영화가 떠올랐다. 활발하고 도전적인 주인공 체리가 크로우 카드라는 마력을 가지고 있는 카드를 모으게 되는 이야기이다. 흩어진 카드를 발견하고 체리는 '봉인해제'라는 마법의 주문을 외치며 크로우 카드를 되찾는다. 카드를 찾으며 체리는 카드 이름을 잊지 않기 위해 카드 위에 그 이름을 적는다. 〈카드캡터 체리〉에서 나오는 카드의 모습들이 마치 내 안에 잠들어 있는 여러 자아를 의미하는 것 같았다. 내 잃어버린 모습을 찾아 기억하는 것과 닮아 있었다. 어린 마음으로 재미있게 보았던 만화영화가 어른이 된 지금에는 깨달음을 주는 내용으로 가득 담겨 있었다.

이 사실을 이렇게 늦게 발견하게 되다니. 내 마음을 그동안 알아주지 못해 정말 미안한 감정이 들었다. 나는 이미 서른 살에 내과의사라는 꿈을 이루었다. 이제는 의사로서 어떤 삶을 살아가고 창조해나갈지 꿈을 꾸기 시작했다. 나는 '나의 이야기를 드러낼 줄 아는 의사'가 되는 것을 목표로 잡았다. 솔직한 나의 경험과 느낌, 나만이 겪는 이야기를 많은 사람들과 공유하며 내 이야기를 드러내고 싶다. 그러면서 나의 숨겨진 모습들을 더 많이 발견하고 싶다. 생각해보면 꿈을 꾸고 이뤄가는 과정은 결국 내 안의 거인을 깨우는 과정이다. 나의 타고난 재능과 능력을 펼치며, 진정으로 행복을 찾아가는 여정을 통해 내가 얼마나 크고 대단한 존재인지 깨닫게 된다. '나의 이야기를 드러낼 줄 아는 의사'가 되기 위해 '작가'라는 멋진 옷을 입게 되었다. 나는 매년 1권 이상 책을 쓰는 인생을 살아갈 것이다. 책 쓰는 의사가 되어 나의 삶을 기록하고 나누면서 더욱 풍성한 인생을 보내기를 선택할 것이다.

살아오면서 언제나 새로운 꿈이 현재의 나를 만들어가고 있었다. 꿈만 꾸고 덮어버리고 포기한 줄 알았지만, 내가 꾸었던 꿈이 현실로 다가온 수많은 경험을 이미 하고 있었다. 내가 의사가 되는 꿈부터 시작하여, 일상의 소소한 물건을 갖는 것까지 다양하게 이루었다. 나는 그저 꿈만 꾸는 몽상가가 되는 것은 거부한다. 나는 원하는 바를 생생하게 꿈꾸고 현실로 이루는 삶을 더욱 크게 살아갈 것이다.

주변의 가족, 친구, 지인들의 꿈은 나의 꿈이 될 수 없다. 삶의 방향을 잡지 못하고 방황할 때는 고요하게 나의 내면에 물어보아야 한다. 내가 어떻게 느끼는지, 내가 진정으로 무엇을 하고 싶은지, 모든 답은 이미 내 안에 들어 있다. 정답을 밖에서 찾으니 우리는 수많은 시행착오와 실패를 겪는다. 그러면서 왜 이렇게 내 인생은 되는 것이 없을까 고민을 무한 반복한다. 계속해서 문제 상황을 겪게 된다면 그 감정과 상황에서 내가 알아주어야 할 나의 마음, 감정이 있는 것이다. 이것을 잊지 않고 나의 마음의 소리를 따라 꿈꾸는 삶을 모두 살아가면 좋겠다.

현실에 안주하지 않고, 새로운 꿈을 꾸며 살아가자. 언제나 새로운 꿈이 있었기에 나는 서른 살의 내과의사이자, 책 쓰는 의사로, 나를 드러내는 작가의 삶을 시작할 수 있었다.